企业情报实务

陈彪峰 著
陈天韵 图

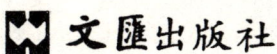
文汇出版社

图书在版编目(CIP)数据

企业情报实务 / 陈彪峰著.—上海:文汇出版社,2011.1
 ISBN 978-7-5496-0078-6

Ⅰ.①企… Ⅱ.①陈… Ⅲ.①企业管理—情报管理学 Ⅳ.①F270

中国版本图书馆 CIP 数据核字(2010)第 238955 号

企业情报实务

作　　者 / 陈彪峰
制　　图 / 陈天韵

出 版 人 / 桂国强
责任编辑 / 张　涛
封面装帧 / 张　晋

出版发行 / 文汇出版社
　　　　　上海市威海路 755 号
　　　　　(邮政编码 200041)
经　　销 / 全国新华书店
照　　排 / 南京展望文化发展有限公司
印　　刷 / 上海新文印刷厂
版　　次 / 2011 年 1 月第 1 版
印　　次 / 2011 年 1 月第 1 次印刷
开　　本 / 890×1240 mm　1/32
字　　数 / 220 千
印　　张 / 8.75
印　　数 / 1—5000

ISBN 978-7-5496-0078-6
定　　价 / 25.00 元

目录 contents

自序 十年四转身   < 001

第一章 企业情报的基本概念   < 001
第一节 企业情报工作的概述   < 002
第二节 企业情报工作的特征   < 006
第三节 企业情报工作的过程   < 011
第四节 企业情报的相邻学科   < 013

第二章 企业情报的基本现状   < 017
第一节 情报失误导致经济损失   < 018
第二节 理论与实践尚待完善   < 022
第三节 企业情报的培训现状   < 027
第四节 上海企业情报工作的现状   < 030
第五节 政府对企业情报的推进   < 032

第三章 企业情报与其他情报的关系   < 035
第一节 企业情报与国家安全情报、图书情报的关系   < 036
第二节 企业情报的引进与发展   < 042

第四章　搜集情报的人际网络 < 049
　　第一节　人际网络的人员分类 < 051
　　第二节　人际网络的人员管理 < 057
　　第三节　人际网络的内外建设 < 058

第五章　企业情报的攻防目标 < 067
　　第一节　信息来源的模糊性 < 069
　　第二节　传播渠道的模糊性 < 072
　　第三节　内容真假的模糊性 < 076
　　第四节　法律地位的模糊性 < 076
　　第五节　经济价值的模糊性 < 078

第六章　公开信息的收集 < 083
　　第一节　收集公开信息的基本要求 < 084
　　第二节　收集目标企业的公开信息 < 087
　　第三节　收集目标个人的公开信息 < 092
　　第四节　违法收集信息的法律后果 < 093
　　第五节　互联网时代的情报危机 < 096

第七章　非公开信息的搜集 < 099
　　第一节　模糊信息的产出平台 < 101
　　第二节　模糊信息的流通平台 < 111
　　第三节　模糊信息的配套平台 < 115

第八章　情报信息点的发现与控制 < 123
　　第一节　景观喷泉点与情报信息点 < 125
　　第二节　情报信息点的两种形式 < 126

第九章　情报搜集的谋略与提问 < 143
第一节　谋略情报的形成与特征 < 144
第二节　谋略情报的基本原则 < 147
第三节　谋略情报的运用方式 < 148

第十章　企业情报的全员搜集 < 159
第一节　企业全员情报 < 161
第二节　企业风险防范 < 165
第三节　员工合理化建议 < 174

第十一章　企业情报的人员管理 < 179
第一节　情报人员的基本要求 < 180
第二节　情报人员的公关要求 < 184
第三节　情报人员的业务要求 < 187

第十二章　企业情报的文稿管理 < 195
第一节　情报信息的整编流程 < 197
第二节　情报信息的整编要求 < 200
第三节　情报信息的传递处理 < 201
第四节　情报信息的撰写编报 < 205

第十三章　企业情报的综合管理 < 215
第一节　部门设置与主要任务 < 216
第二节　情报渠道的分布管理 < 218
第三节　数量管理和质量管理 < 220
第四节　人际网络的考核管理 < 221
第五节　任务管理与经费管理 < 223

附录一　某外资企业的情报管理制度（参考件）　< 228
附录二　某外资企业全年"情报搜集计划"　< 234
附录三　某外资企业单项情报搜集计划的要求　< 239
附录四　作者发表与接受采访的文章　< 241
　　企业搜集竞争情报的几种方法　< 241
　　商界"007"讲述鲜为人知的职场故事　< 246
　　商业机密留神外泄　企业情报"阴招"起底　< 250
　　亡羊补牢　犹未晚也　< 254
　　企业反情报的新视点：招聘会　< 256
　　提出问题　回答问题　< 258

后记　< 261

自序

十年四转身

一、成为年轻的退休老伯伯

2000年底,在我47岁的时候,为响应上海市人民政府精简机构的号召,为市政府减压,我和许多同事一起,主动办理了提前退休的手续。一夜之间,正直壮年的我,从一个市公安局的侦察员,转身成了一个晨曦初露即在公园里打太极拳的、名符其实的、年轻的退休老伯伯。

年纪还轻,退休之后究竟做什么,我心中无数。怎么办?只要有心,肯定会有机会。一个很偶然的机遇,我从报纸上看到了有关"企业情报"的报道,就马上通过互联网查阅有关资料。但是,竟没有查到一篇完整的论述企业情报的文章。

来自侦察员的灵感提醒我,就目前这个状况来看,企业情报应该是一门崭新的课题。这一课题不但在中国,就是在世界范围内,也可以说是一片空白的、尚待耕耘的处女地,发展的空间很大。这一课题无论是在理论研究、培训讲授还是在实践操作上,都是一个侦察员施展身手的大好领域,都是我提前退休后另觅职业的绝佳场所。因为,随着我国改革开放的进一步扩大、随着市场经济的进一步深入,企业必然会认识到：情报是科学决策的可靠依据、情报是战胜对手的有利武器,情报是解决诸多麻烦问题的便捷工具。

目前,我国的大中型企业已经逐步进入了成熟阶段;它们已经逐步摆脱了一般意义上的低级竞争;我国的消费群体也已经日渐成熟;我国的产业政策也已经逐步规范;我国的经济发展也已经逐步融入了世界经济发展的大格局;我国的市场也正在被外国的强势品牌逐步渗透。所以,面对着这些客观的现实情况,迫使我们的本土企业不得不认真考虑,如何抓好自身的品牌质量?如何提升品牌的含金量?如何降低企业的生产成本?如何防范企业自身的风险?如何去战胜自己的竞争对手?所有这一切,都离不开正确的、科学的企业情报的运用。

二、投入到企业情报的培训

作为曾经有着15年第一手经验的侦察员,退休后改行从事企业情报工作,应该讲不会出现50岁学吹打的现象。因为,二者在很多方面有相通之处,企业情报的搜集肯定是我的强项,这是毋庸置疑的。问题的关键是:如何提高自己的理论水平?如何把自己的实践经验通过发表文章的形式体现出来;如何把侦察实践的经验在保密的前提下,用通俗易懂的方式、用企业能够接受的方式表述出来,让企业能够承认与接受、从而成为企业的知识财富。

既然下了决心,就要为此去努力、为此去付出、为此而锲而不舍。我决定先从写作与发表有关企业情报的文章入手、作为了解与摸索阶段。2002年以后,我先后在上海公开发行的《人才市场报》、《I时代报》、《组织人事报》、重庆的《经营者》月刊及北京的《中国牧业通讯》半月刊等报纸杂志上,连续发表了多篇有关企业情报的文章。

2003年以来,上海的《解放日报》、《每日经济新闻》、《新闻晚报》、

《组织人事报》、《人才市场报》以及浙江的《城市假日》周报和日本的《城市兄弟》月刊等，都先后对我进行了采访报道。我们国家的主要新闻网站"人民网"、"新华网"以及新浪、雅虎、网易、搜狐等几百家门户网站，均全文转载了其中的有关内容。

有了理论的探索、有了写作的实践，我就开始逐步涉足企业情报领域中的培训讲课。万事开头难，记得我第一次讲授公开课的地点是在长沙，时间是2005年。课堂上，我引经据典，从国外谈到国内，讲了很多企业情报的重要性与必要性。午间休息的时候，我在主办方的陪同下，乘坐电梯准备下楼吃饭。一位大约二十二三岁的女学员，在电梯里毫不客气地冲我开炮："陈老师，因为我们慕名你是侦察员，所以想来听你讲一些企业情报的实际操作方法，想不到你也是空话连篇，企业需要你这些理论干什么用？如果我不知道企业情报的重要性与必要性，我就不会来参加今天的培训！我们需要的是：在现实的工作中，我们究竟如何去合法地搜集目标对象的情报"。说完，气冲冲地头也不回地走了，下午的课也再没有来听。

对我来讲，这是人生中第一回遭这样年轻的小女孩抢白。但是，这次抢白对我的讲课内容、讲课风格起了一个很大的震动与促进作用；这次抢白，是我讲课过程中的里程碑。因为这次抢白，使我从此之后，就开始潜心研究、仔细探索：如何把情报工作的神秘内涵公开化，如何把情报搜集的繁琐过程大众化，如何把情报搜集的方式方法规范化，如何把企业情报的体系建设科学化。

三、荣获"上海公安局离退休干部先进个人"

为了解决上述问题，我开始从以下几个方面进行研究：

首先，我着重探索了国家安全情报、企业情报和图书情报这三者之间的异同,从而以此来说明,企业情报不是谍报、企业情报也不是传统的图书情报,这是一门全新的课题,需要从理论与实践两个方面去逐步进行完善。

其次,我针对高校的学者们目前正在探索的,企业如何去运用人际网络来获取竞争对手情报的讨论热点,进行了长时间的研究与思索。并根据自己以往侦察工作的经验,把运用人际网络构成的企业情报网,分成通俗易懂的三个层次。即:喜爱交际的人、知道线索的人和掌握情报的人。并在讲课时将这三种人,简称为"爱人"、"线人"和"情人"。我把较难解释的专业术语,简化成了市民口中的幽默语言,学员一听就懂,马上就能理解。

第三,我把自己研究的观点在讲课中与学员一起探讨、一起分享。即:企业情报的搜集工作不能总是把眼光注视着目标对象保险箱内的商业机密。因为,搜集目标对象的情报,固然是企业情报工作中的一个重要部分。但是,作为企业来讲,只要情报人员能够搜集到"增加利润、降低成本、减少风险、避免危机"的一系列信息,都是情报搜集的范围。我的这个观点,得到了学员的理解与认同。

我建议企业:在搜集情报的同时,也要在企业内部把合理化建议的倡导和企业风险的预警与防范,统一纳入到情报搜集的范围。与此同时,要加强企业文化的建设,提高员工的凝聚力和向心力,以防止重要情报的泄露。

台上一分钟,台下十年功,辛勤的付出,肯定能够得到丰硕的回报。有不少企业,从互联网上看到我的观点和信息后,直接给我来信,邀约去企业内部进行授课。到目前为止,我已经为全国数百家知名的大中型企业进行了企业情报公开课的培训和内训,公开课的学员中既有上市公司的情报总监、也有高校的教授。

2008年11月14、15日,"2008中国企业竞争情报国际年会"在上海如期召开。出席这次会议的有来自海内外企业情报界的人士共130余人。按照会议的议程，14日上午是大会，由美国方面来的专家介绍企业情报工作的现状。下午分成中英文两个讲坛，并分别在两个会议室进行。我作为中方当天邀请的两名专家之一（另一位专家是某重点高校的教授），下午1点30分在中方讲坛开讲，与我同时在英文讲坛开讲的是某著名外资企业的情报总监。

下午1点15分左右，中方讲坛就到了70个人左右，主办方为了照顾外国同行的颜面，劝一些人员去英文讲坛就座。但是，一些与会人员很干脆地回答：我们要听公安局的人讲，我们要听警察讲。论坛进行了15分钟之后，英文讲坛的听众逐渐向我这里流动，那边的听众已所剩无几（当然，语言的沟通可能也是个问题）。而我这边则是水泄不通，连走廊里都加满了椅子。主办方高兴地对我称："OK！陈老师，你第一炮就打响，你为中国人争了光，也为你们上海市公安局的离退休干部争了光。"

2009年，我应上海某著名上市公司的邀请，前往该企业进行情报工作的内训。讲课结束后的一小时，该公司情报部门负责人高兴地称：我公司从2000年上市以来，已经从全国各地聘请了100多位各类专家教授前来授课，平均每月一次。按照我公司人力资源部的规定，我们都要让本公司的听众对老师的讲课内容、讲课风格等方面进行综合打分，满分为100分。在你之前，这些专家的最高分为84分。你打破了纪录，是96分，遥遥领先。我们没有想到，一个普普通通的公安局的退休侦察员，能够在演讲内容与表达方式上，超越这么多的专家与权威！

我想，企业对我的赞美有一部分应该归功于长沙那位小女孩，因为她的抢白已经转化成了我的动力，如果没有她当初的抢白，我可能还在培训的歧途上梦游。所以，我想借此书出版之际，向湖南长沙那位未留名的小女孩学员表示感谢。

鉴于我退休后在企业情报领域内的奋力拼搏,2009年重阳节的时候,我们市公安局政治部授予我两年一届的"上海市公安局离退休干部先进个人"的光荣称号,并把我的情况在2009年"公安部老干部工作会议"上做了介绍。

四、著书立说 抛砖引玉

百尺竿头,更进一步,这应该是人生的自勉。自从在文章发表、媒体采访、讲课培训方面取得突破之后,我就开始考虑,要把近年来在企业情报方面的实践体会,以著书的形式记录下来。其主要的内容应该是:企业情报的基本概念、企业情报的部门设置、企业情报的搜集方法、企业情报的传递输送、企业情报的分析研究、企业情报的文稿撰写以及企业情报的科学管理等。

我相信:此书的出版可以让企业在开展情报工作的实践时有所参考;以便在开展情报工作的过程中,能尽快地适应经济发展和科学发展的需要;同时,也希望此书的出版,能够让更多的专家、学者、企业情报的实践者以及众多的企业情报的业余爱好者品头论足;也希望各位同行、各位朋友能为读者奉献更多、更完美的企业情报的书籍,以充实与完善企业情报的理论与实践。

一分耕耘,一分收获。某重点高校的著名教授,在看了我有关"企业情报"讲课的资料后说:"您的讲稿针对性强,且是国内无论研究还是实践都缺乏的人际情报,但更多、更宝贵的内容可能是您不拟广泛传播的'背后故事',也是您长期工作的经验总结,望有机会能给我们的学生补充这方面的知识。"

中国某科研院所的情报学科带头人在给我的来信中称,"你做的是地地道道的、高端的企业竞争情报的培训,希望坚持这个方向,继续努力,相信会收到良好的效果。"

2006年底至2007年初,上海市有关部委组织了"上海市企业情报工作调研"的课题组。作为课题组的主要成员,我参与了这一课题的全部工作过程。该课题全面阐述了上海市企业情报工作的现状、存在的问题及今后发展的思路,得到了有关领导的好评。经济学家厉无畏先生为该课题的题词是"加强企业情报工作 提高企业决策水平"。

2008年7月,在国家科技部组织的"企业竞争情报体系建设"项目实施工作小组内,我被聘请为工作组的专家之一。随科技部有关司的领导,考察了某国家级创新型试点企业的情报工作,并提出了自己的建议。

聚沙成塔,积少成多,10年来的艰苦奋斗,为实际写作积累了大量的资料。从2009年初起,我就开始静心著书,力争用最通俗的语言,把企业情报工作中的实务部分介绍给读者。将近2年的时间,终于脱稿可以出版了,我也基本上聪明"绝顶"了。

本书的内容经过多年来在企业情报培训班的实际应用,学员反映良好;本书在培训教材的基础上,又增加了情报的管理等诸多内容。因为企业情报是一门实用性很强的学问,所以,本书在各个章节都穿插有大量的案例,以供读者在实践时予以参考。

本书也对企业情报的概念等理论问题进行了初步的探讨,尚不成熟,还望请有关高校、科研院所的专家、学者进一步修正;本书绝大部分的篇幅谈的是如何去搜集情报,以及如何对情报工作进行有效的、科学的管理。

本书共分成十三章:

第一章至第三章,讲的是企业情报的基本理论与基本概念;

第四章至第十章,讲的是企业情报的操作方法(其中的第六章"公开信息的收集"为留日法学硕士、本书的法律顾问陈轶凡律师主笔);

第十一章至第十三章,讲的是企业情报的管理与考核。

我希望此书的出版发行,能够为我们的国有企业、民营企业以及所有的本土企业,增加一本企业情报的参考书籍;为高等院校情报学专业的硕博生、增添一本令人感兴趣的、愿意看的课外参考读物。

企业情报是一块刚开垦的处女地,这方面的书籍也为数不多,寥寥无几。此书的出版,相信是对这一领域的增色与添彩。作为一个曾经在公安系统第一线工作的普通侦察员,在退休之后,闯入到这片学术领域中来,可以说,这是并不多见的,是没有任何经验可借鉴的一种创新,作者也为此而经历了种种难以言喻的磨炼。可以说,这种单枪匹马闯入式的创新,绝对需要思想的解放,绝对需要科学的智慧,绝对需要持久的勇气。

最后,我想借用中国兵器工业集团总经理张国清先生的几句话,作为自序的结尾。他是这样讲的,"有人总结了思想解放的三部曲:先是有少数人解放思想,在实践中敢闯、敢试、敢冒;然后就会引起激烈的争论,就会有一股强大的势力要扼杀它;接着就是看实践,实践证明它很有效果,于是逐步认可。由此可见,解放思想不是在清风朗月下的漫步低吟,而是一场没有硝烟的战争,要冲破旧思想、旧观念的桎梏,需要有智慧和勇气。"

谢谢大家!

陈彪峰

2010年10月于上海

第一章
企业情报的基本概念

企业情报是一个全新的概念,这是随着社会的发展、经济的腾飞、市场的竞争而产生的一个新的学术名称,也应该是情报学的一个重要组成部分。企业情报与国家安全情报、图书情报相比较,企业情报是吸取两家之长,独立于两家之外的、一门独立的、专为企业服务的、情报学中的一个新的研究课题。

第一节　企业情报工作的概述

企业情报是一个全新的概念,这是随着社会的发展、经济的腾飞、市场的竞争而产生的一个新的学术名称,也应该是情报学的一个重要组成部分。企业情报与国家安全情报、图书情报相比较,企业情报是吸取两家之长,独立于两家之外的、一门独立的、专为企业服务的、情报学中的一个新的研究课题。

一、企业情报工作的概念

企业情报工作是为了提高企业的核心竞争力、防范企业重要机密的泄露,而运用合法的手段,通过搜集、传递、分析而获得的对企业的发展、生存、有重要利益关系的有关目标对象、竞争对手、竞争环境的信息、报告、资料等。它的搜集方法包括公开的和秘密的两个方面。加强企业情报工作是企业科学管理、市场研究、投资咨询、自主创新等方面的一个重要组成部分。

企业情报的搜集内容是:目标对象或目标企业正在酝酿的、尚未实施的,或者是已经实施的,尚未公布的信息、资料等。企业情报工作的目标对象既有国内的、也有国外的。企业情报工作能对大中型企业与科研单位科学的、健康的、可持续的发展起到重要的支撑作用。

二、企业情报工作的实质

1. 企业情报工作能够保障企业科学持续的、有序的发展,能够保障企业在国际国内市场上的强大的竞争力,从而推进国家经济建设的有力发展。
2. 企业情报工作是市场经济竞争的必然产物和重要手段。
3. 企业情报工作是合法地运用公开与非公开的方法及手段,去进行情报信息的搜集、传递、管理三大情报职能的专项工作;企业情报的工作方法属于谋略的范畴。

三、企业情报工作的作用

1. 企业情报工作是保护企业自身利益,防止企业核心机密外泄的重要措施。
2. 企业情报工作是保障企业有序发展的重要力量。
3. 企业情报工作是企业自主创新、合成创新、科学发展的有力保证。

四、企业情报工作的过程

企业情报工作的整个过程,就是围绕着"数据信息—情报搜集—分析判断—处理决策"四个方面而进行的。情报工作人员对企业内部各方面的数据、信息、资料及各类统计数字都要尽量了解、熟悉与掌握。这样,才能为企业的情报搜集工作明确方向和重点。

1. **数据信息**。在海量般的公开信息面前,要注意各类公开报道中的数据与信息的针对性、准确性和时效性。对情报人员来讲,在企业情报工作中,对未经核实的、公开信息的定位是"参考消息"、"资料",而不是情报。

2. **情报搜集**。情报搜集是企业情报部门和情报人员的基本工作,也是决策处理的依据。情报搜集是经过情报部门的努力、通过各种渠道、运用多种方法,摸清情况、去伪存真的一种活动。

情报搜集是在数据与信息的基础上,融入了个人或集体的智慧与谋略,经过情报部门公开与秘密的两种渠道的工作,摸清竞争对手或目标对象真实情况的一种活动。

3. **分析判断**。企业情报部门和人员必须对所获得的各种情报信息资料进行分析判断,确定其可靠性、可能性、准确性、重要性和使用价值。做好情报信息的分析判断,对企业领导做出正确的决策处理具有十分重要的意义。

4. **决策处理**。在充分掌握情报信息,正确地分析判断的基础上,企业情报部门要仔细甄别;在认真调查研究的基础上,用科学的方法(将数据信息上升为情报)拟定多种方案,供企业领导层考虑选择。领导层必须及时、正确地做出决策处理,以取得良好效果。

五、企业情报工作的任务

企业情报工作的任务主要是:

1. 通过多种渠道,去搜集对本企业发展有利的、或可能对本企业造成危害的,各类公开和秘密的情报和信息。及时发现与掌握与本企业有关的、国内外目标企业在生产经营、科研开发上最先进的产品,以及围绕先进产品的有关的情报信息。

2. 运用人际网络及各种合法的形式,接近目标企业中的目标对象,为进一步获取所需要的情报信息创造条件。

3. 精心设计谋略方案,并通过多方努力去落实方案的内容,从而达到谋略的目的。

4. 对搜集到的各种情报信息,进行分析研究和甄别鉴定、去伪存真、从而确定那些情报信息对本企业发展有利或有害,并决定下一步工作措施,及时向企业领导提出意见、供领导决策。

5. 根据企业的实际情况,设置企业的情报部门;运用科学的方法,加强对企业情报部门的人员管理、经费管理、目标管理等。

六、企业情报工作的原则

1. 企业情报工作必须要在国家的法律、法规允许的范围内进行;如果在国外,则必须遵守所在国的法律与法规。

2. 运用人际网络与谋略方法进行深层次的情报获取,应慎之又慎,具体方案必须报"企业首席情报官"批准,情报人员不得擅自行事。

3. 企业情报工作进行过程中所形成的材料、报告、资料和工作情况,要注意保密,防止外泄,避免造成不良影响。

4. 企业情报工作必须为本企业的经济发展和技术进步服务。

七、企业情报工作的作用

做好企业情报工作,有两个方面的作用。

1. 企业情报工作具有进攻和防御两个方面的作用。加强企业情报工作,能有力推动与提高本企业的持续健康发展,增强本企业的核心竞争力。通过企业情报工作,主动采取有效措施,获取竞争对手的核心机密,以确保企业的经济利益。同时,在获取情报信息的基础上,可主动采取防范措施,防止竞争对手搜集或窃取本企业的各种重要机密。

2. 做好企业情报工作,不仅对企业本身的发展有利,而且对国家的经济发展也是有利的。因为,大中型国有企业、民营企业及各类合资企业以及所有本土企业,在我国的经济建设中,都有着举足轻重的作用,做好企业情报工作,使企业得到健康持续的发展,就能促进国家整体的经济发展,于国于民都有利。

八、企业情报内容的分类

企业情报内容的分类主要是指按情报内容的密级分类。

1. 核心机密。是指目标企业尚未公布的重要的内幕信息。如:竞争环境中的一切重要事件;竞争对手正在研制中的新产品的情况;正在谈判中的重要产品的价格变动;竞争对手主要产品的生产原料的比例;竞争对手重大的人事变动及其重要人物的简历、爱好等。

2. 一般机密。是指目标企业内部的一般机密。如:重大的促销活动的策略、中层干部的人事变动及其简历与爱好等。

3. 内部信息。是指通过公开合法的途径,获取目标企业的一般性内幕信息,或者是需要进一步查实的信息。

企业情报部门在布置工作的时候,要根据情报人员的工作能力及所取情报的密级程度,安排能够胜任的适当人选。

第二节 企业情报工作的特征

企业情报工作有着自己的特点与特征,研究和掌握企业情报工作的特殊性,对于正确认识和把握企业情报工作的规律,做好企业情报工

作,具有重要意义。企业情报工作具有以下六个明显的特征:

一、隐蔽性

1. 方式方法的隐蔽性。由于企业情报工作所要搜集的目标对象的相关资料、相关信息都是呈隐蔽状态的形式存在的。所以,这就决定了获取情报的方式和方法也必须是隐蔽的,是在秘密的状态下进行的。

2. 部门名称的隐蔽性。由于获取企业情报的方式与手段的隐蔽性,这就决定了企业情报部门的名称与工作人员的活动,也都必须具有一定的隐蔽性,必须采取必要的掩护名义和掩护身份,不能让企业的竞争对手和目标对象察觉自己的存在。

> **案例**
>
> **"生活服务部"谁也不会想到我们是搞情报的**
>
> 有一次,作者随一位朋友去一家著名的跨国公司洽谈企业情报的培训业务。事先得知,接待我们的是该公司情报部门的负责人,他虽是外国人,但能说一口流利的中文。在双方互换名片的时候,他递给我的名片上却印着"某某公司生活服务部"总监的头衔。我们两人都会心地相互微笑。他用熟练的中文向我表示:在你们中国,我拿着这种名片出去搜集竞争对手的情报,谁也不会提防我。
>
> **评析:**
>
> 相比较跨国公司而言,我们的国有企业或民营企业的情报部门,一般都是公开挂着"情报部"、"战略规划部"、"信息部"等较为直露的名称。他们尚不知,企业情报是一项隐蔽的工作,如果拿着这样的名片出去收集情报,对方就会十分警惕,你们就会事倍功半或者是无功而返。

> 其次，个别国有企业集团的情报部门人员，到处宣传自己的企业是如何做情报工作的，到处介绍经验，传授知识，这是从事企业情报工作的大忌。这种四处演讲，实则是自掘坟墓。会使你们的竞争对手对你们企业的情报工作知根知底，一目了然。从而，今后再与你们企业打交道时会处处提防。

二、准确性

企业情报工作的好与差，关系到企业的发展和企业的利益。因此，情报工作对信息的要求很高，必须强调准确。情报与信息必须是真实可靠的，不能是道听途说的。企业情报部门对获取的情报信息，必须经过甄别核实才能上报。

情报部门交给决策层的必须是一份准确无误的情报，是可以供领导做决策依据的情报，而不是模棱两可的"参考消息"，不能去误导决策层。同时，企业的决策者也应该对上报的情报信息做进一步的分析判断后，才能做出决策。反之，就会造成决策失误，引起重大的经济损失。

案例

陈久霖先生失误的根本原因

据媒体报道，原中航油新加坡公司执行董事兼总裁陈久霖先生，因为 2004 年在新加坡做期货交易时，轻信了错误的情报信息，从而做出了错误的决策，导致国有资产亏损了将近 5 亿 5 千万美元，其不仅被停职，而且被新加坡法院判刑 4 年 3 个月。2006 年 3 月 16 日，上海的《每日经济新闻》援引《京华时报》的消息称，中航油新加坡分公司的 CEO 陈久霖先生在经营中的巨额亏损,"是由纪瑞德和卡尔玛引发的,后续的亏损则归咎于陈久霖依据公司交易人员的建议做出的决定",原中航油"风险管理委员会"的成员"黄莉湘提供了错误的信息"。

评析:

如果以上报道确实的话,读者不难看出,导致中航油巨额亏损的主要原因是:陈久霖先生听信了两条错误的信息,致使公司形成巨额的亏损。一条是纪瑞德和卡尔玛引发的,另一条则是中航油"风险管理委员会"的黄莉湘提供的。陈久霖先生的主要责任是:依据错误的信息做出了错误的决策。这说明了,作为主要领导,陈久霖先生在决策的时候是相当草率的、他的情报意识基本上是没有的。

三、时效性

1. **情报搜集的时效性**。情报如果失去了时效,就变成了历史资料、信息。市场经济瞬息万变,对企业情报工作的要求越来越高,情报早到一小时与晚到一小时,将会给企业带来天壤之别的利益与损失。所以,情报的搜集特别讲究时效。

2007 年 9 月 19 日,国务院国资委副主任、党委副书记李伟先生在全国国资监管信息化工作会议上指出,"特别是资本市场的竞争,信息资源越来越重要,资本市场上一个小时之差的信息,可能让你大赚,也可能让你大亏。像伊拉克战争这样的信息,你早知道一小时,在股票市场、期货市场上就可能避免大的损失。"

2. 情报分析决策的时效性。对获取到的重要的情报信息,企业情报部门要抓紧时间分析、研究、印证和上报,以供领导决策,及时采取应对措施。

四、针对性

企业情报工作有特定的范围,有一定的局限性。因此,企业情报工作的针对性很强,任何一份情报信息,都必须是要围绕企业来进行,都是为企业的经济发展服务的。脱离了本企业实际需要的情报,都是没有作用的。

情报是相当强调时效性的,但是,有些情报在短时间内可能不见效果,而是针对宏观面的,这也是很正常的。个别在短时间不能见效的情报,在经过情报部门的不断努力、不断补充、不断完善后,有可能成为一份有重大价值的情报。因为,任何一份企业情报都是针对本企业的某一项工作而言的,有些情报是针对某项工作的微观面的、而有些却是针对这项工作的宏观面的,二者并不矛盾。

五、艺术性

企业情报的搜集过程充满着谋略与智慧,情报人员既要做到合法又要注意隐蔽。所以,企业情报的搜集方法既要讲究策略,又要注意艺术。

在一个完美方案的指引下,企业情报人员必须去艺术的开展活动,提高公关技巧,将竞争对手的情报,艺术地获取过来,做到"合理合法、轻易到手、技高一筹、踏雪无痕"。

六、防御性

提高企业的竞争力，加强企业的防范措施，防止被竞争对手窃密，这是企业情报工作的一个重要方面。要在企业内部建立保密制度、加强保密教育，对本企业中能够接触机密的部门与人员，要重点做好工作，制定一系列能够操作的保密措施。

在市场竞争日益激烈的前提下，可以说，绝大部分的企业都在时时刻刻的使用各种方法、通过各种途径，获取目标对象的核心的机密信息。对窃密的防御，在时间和空间上，一般很难预料和防范的。所以，企业情报部门要倍加注意，提高警惕，对可能泄密的人员、泄密的渠道及窃密的手段和方法，事先都要采取有力、有效的措施，切实加以防范，防止窃密事件的发生。

第三节　企业情报工作的过程

搜集竞争对手与目标对象的情报，是一个相当艰辛、相当复杂的过程。在这个过程中，要求情报人员从一开始介入起，就要集中智慧、集中谋略，要全方位地展开个人的工作魅力，来为企业的决策者获取最准确、最有用的情报。

一、强调动态情报的谋略获取

企业情报的搜集，除了需要利用公开资料作为参考之外，其主要的工作中心应该是通过人的智慧与谋略去获取目标对象正在酝酿的、尚未实施的,或者已经实施,却没有公开的,但是却已经在持有者的企业内部流传的,也尚未采取保密措施的呈"动态形式"的情报信息资料。

二、强调情报人员的全面发展

"企业情报"的工作人员除了需要掌握熟练的计算机技术之外,还必须有内外向相结合的个性特征。既要善于对外交际、又要精通业务,以便在人际交往中通过有谋略的、艺术的交往,获取目标对象的信息。

三、强调情报获取的复杂程度

"军事情报是战斗力,企业情报是生产力"。任何企业获取情报的目的都很明确,不是简单地为了战胜对手,而是为了在市场上彻底打垮对手,并且取而代之。所以,有效情报的获取不是简单易行,伸手可得的。必须设计巧妙的方案,突破对手的防范,才能获得成功。整个过程相当复杂,从而被社会公认是一种复杂劳动、高级劳动。

四、强调情报获取的艰辛程度

企业情报部门的工作人员为了给领导提供决策的依据,需要四处奔波,大费周折,没有正常的休息时间。他们为了企业可持续的、健康的、科学的发展,通过自己的艰辛付出,为企业去获取第一手的、最及时的、最准确的情报信息。从这个意义上讲,企业情报工作又是一项十分艰苦的事业。

五、强调情报决策的重大作用

企业情报人员提供给领导的是决策的依据、是情报、是领导的助手和参谋,是企业赢得市场的重要导航。而不是一般的可信可不信的、可有可无的公开资料和公开信息的堆砌。

社会在发展,时代在进步,在市场经济的大潮中,在信息海量般的涌动中,如果继续沿用资料摘抄的传统情报的方法来为企业服务,已经完全不能适应经济发展的需求。我们必须要用科学的发展观,来加强企业情报工作的实战研究,提高企业科学决策的思想认识。

第四节 企业情报的相邻学科

企业情报是情报学中一门刚起步的、综合性的、偏重于实践应用的新兴的课程。这一课程的理论研究与实践操作尚属空白,还有待于企业界和理论界进一步深入研究和实践探索。如果将其作为一门单独的学科来研究,尚不具备充分必要的条件。

在社会科学中,每一门学科只是对社会某一特定现象进行专门的研究。但是,社会现象之间是互相联系、互相影响、互相制约而不可绝对分割的。企业情报同相邻学科的关系也是如此。其中,与企业情报关系比较密切的学科有:

一、情报学

情报学的概念源于欧美国家,是第二次世界大战后逐步形成的一门新学科,至今仍在发展完善中。因此,它不像一些基础学科那样,有着严格而且统一的学科定义,它是一门新兴的交叉学科。

情报学是研究情报的产生、传递以及管理的一门科学。它帮助人们充分利用信息技术和手段,提高情报的产生、加工、贮存、流通、利用的效率。

随着人类社会向信息化社会的推进,情报学的社会重要性日益凸显,其作用和研究成果被认为是信息化社会的强大支柱之一。虽然,我国的情报学目前尚未对企业情报做深入的研究,但是,随着市场竞争的加剧、随着企业发展的需要,随着社会进步的需要,企业情报必将成为情报学中的重要研究内容、必将在情报学中占据主导的地位,这是不可置疑的。

二、管理学

管理学是一门发展中的学科,它与社会的经济发展紧密相关。严格地说,从市场经济和企业管理的角度来进行分析,企业情报完全可以被纳入管理学的课程之内。

管理学是一门实践性很强的学科。管理对象的复杂性和管理环境的多变性,决定了运用管理知识必须具备技巧性、灵活性、创造性和艺术性。所以,管理学的这些特点对企业情报有相当大的影响,管理学的这些特点也决定了企业情报工作既是一门科学,又是一门艺术。

三、社会心理学

社会心理学是研究社会心理以及个人在心理上的互相影响的科学,着重研究个人心理作用和社会的相互关系。包括人们在社会关系中共同活动的规律、各种类型的社会关系、人和人之间由于彼此交往而产生的矛盾、友谊及其后果。

企业情报工作者应当运用社会心理学的基本原理,去研究在人际交往中如何去掌握目标对象以及人际网络中各类人物的心理活动,从而达到洞察其内心秘密,掌握其心理活动的轨迹,达到为我所用的目的。

四、公共关系学

公共关系学是市场经济发展的需要。由于市场经济带来了大范围的分工协作和激烈的市场竞争。所以,企业需要运用公共关系学来拓展合作,加强竞争能力,促进经济效益和社会效益。

企业情报工作要善于学习与消化公共关系学中交往行为的技巧,以建立强大的人际关系网络,从而帮助企业去获取生存与发展所需要的情报与信息。

五、计算机科学

计算机科学是一门包含各种各样与计算和信息处理相关主题的系统学科。为了更快地收集与分析目标对象的信息,在现代的市场经济条件下从事企业情报工作的人员,必须掌握计算机的基本操作与运用,以便于及时地检索、储存、归纳和整理各类信息,并防止网络黑客的入侵窃密。

六、档案学

档案学是研究档案和档案工作规律的科学。主要研究档案的形成、发展以及档案管理、档案利用的规律和方法。包括档案学概论、档案管理学、文书学、档案保护技术学等分支学科。企业情报人员应利用档案学中的有关知识,在情报信息的积累过程中,注意情报资料的积累、储存与利用。

七、法学

法学是研究法的产生、发展、本质、立法和司法活动的科学。从事企业情报工作的人员,要懂一点法律,要掌握一点法律知识,以避免在企业情报的搜集过程中侵犯他人的商业秘密。

第二章
企业情报的基本现状

我国的企业情报工作基本上发端于20世纪改革开放的初期。我们的大中型国有企业从国际国内激烈的市场竞争中,开始认识到企业情报工作的必要性与重要性。在我国加入世界贸易组织之后,浙江、福建、广东省一带的民营企业,亦开始重视和加强企业情报工作,他们走在了国有企业的前面。这些民营企业注意搜集与本企业利益相关的各类情报信息,并把它们及时运用到产品的创新和改进上,取得了较好的效果。但是,总体来讲,我国的企业情报工作与世界上部分经济领先、科技发达的国家相比,还是有着很大的距离。

第一节　情报失误导致经济损失

我们的国有企业因为情报失误,或者说根本就没有情报部门与情报工作,导致在一些重大的决策中,给企业造成的经济损失相当惨重。

一、反情报工作形同空门,"力拓门"事件损失巨大

2009年7月5日,澳大利亚力拓铁矿石中国业务部的负责人胡士泰等4名员工,因涉嫌窃取我国商业机密,被上海市国家安全局拘留。作为世界三大铁矿石巨头之一的力拓集团中的个别人员,长期以来采取不合法的手段,通过中国重点钢铁生产企业的内部人员,非法获取相关钢铁企业的各类重要资料。如：海关进出口数据、企业生产销售数据、原材料的采购数据、原材料的价格数据等企业核心机密,致使中国从2003年起在铁矿石谈判中长期处于劣势地位,整个钢铁产业由于谈判价格上涨的因素,多支出高达数千亿元人民币,经济损失极其惨痛。

力拓集团的个别人员所采取的手法,主要是使用金钱贿赂及收买我国钢铁企业的某些内部人员,让其把掌握的钢铁企业,或业内重要的机密数据,泄露给了他们,这些内部人员出卖了国内铁矿石谈判团队的底线。这个案例充分说明了,我国涉案的钢铁企业在情报工作方面不仅是缺少警惕,也可以说基本上是状如空门,形同虚设。

> **评析：**
>
> "力拓门"事件发生后，作者与几位同行在一起闲聊。大家认为，类似力拓集团胡士泰等人这种窃取商业机密的手法，实在是很一般的，没什么高明之处。这些被窃取情报的钢铁企业，只要稍具企业情报工作方面的常识，就可以避免很多不必要的损失。

二、审计署披露：个别中央企业因决策失误，造成重大的经济损失

近几年来，中央审计署一再披露，通过审计发现，部分中央企业，因为决策失误而导致重大的经济损失。而造成重大经济损失的主要原因，应该说与缺少足够的、准确的情报信息有密切关系。

在2004年和2005年间，我国部分中央企业因决策失误，导致的经济损失高达240亿元人民币。

2006年，中央审计署对三九企业集团等8家中央企业审计发现，除损益不实等问题依然存在外，这些企业还突出存在缺乏信息、决策失误、管理不善等问题。对这8家企业的338项决策事项审计发现，因违反决策程序、决策失误和管理不善等，造成的损失或潜在的损失达54.87亿元，国有资产流失13.75亿元。

2008年，中央审计署对中国航天科工集团公司等13家中央企业，进行年度中央预算执行和其他财政收支的审计，查出的问题整改结果显示：因决策失误、管理不善和违规操作等，共造成损失和国有资产流失63.72亿元。尽管有关企业正在采取措施挽回损失，但初步确认有28.42亿元损失已无法追回。

2009年,中央审计署的报告显示:抽查中国航空集团公司、中国华电集团公司等10家中央企业的重大工程项目投资、资产处置、资本运作等538项决策,发现违规决策30项,造成国有资产损失及潜在损失8.33亿元。

上述审计表明,我们个别的中央企业,我们国家的经济主力军,有很多惨重的、重大的经济损失来源于决策的失误。因此,对中央企业来讲,加强企业情报意识,建立和健全企业情报工作,显得尤为迫切。

为应对中央企业因决策失误等问题,而屡次造成的重大经济损失,国务院国有资产监督管理委员会在2008年公布了《中央企业资产损失责任追究暂行办法》,首次以文件的形式,对中央企业及其独资或控股子企业的资产损失的责任追究工作进行规范。《办法》自2008年10月1日起施行。《办法》规定:从采购、销售、资金管理、投资、担保、资产转让和改组改制、资产保管维护、内控建设、信息披露等环节,界定了违反规定、未履行或未正确履行职责、造成资产损失需追究责任的10类50种情形。对资产损失责任人的处罚包括经济处罚、行政处分和禁入限制等三种方式:经济处罚是指扣发绩效薪金(奖金),终止授予新的股权;行政处分是指警告、记过、降级(职)、责令辞职、撤职、解聘、开除等;禁入限制是指在1至5年内或者终身不得被企业聘用或者担任企业负责人。

> **评析:**
>
> 1. 部分中央企业如此接二连三地发生决策失误,如此触目惊心的经济损失,显示了企业情报工作的绝对重要性和不可缺性,显示了决策对情报的绝对依赖性。
>
> 2. 如果上述中央企业能够"亡羊补牢",马上采取应对措施,科学的开展企业情报工作。作者相信,类似的决策失误是应该会逐步减弱直至消失的。

三、并购"双龙"失利,上汽如何避覆辙

2009年12月5日,《解放日报》在头版刊登了这样一条引人注目的消息:《"双龙"失利 上汽如何避覆辙》。文章的大致内容是:经历了对韩国双龙汽车并购失利的上汽集团,并没有减缓"走出去"的坚定步伐。昨天,上汽与通用宣布联合成立通用上海香港投资公司,进军印度市场,这是中国汽车企业第一次通过合资模式进军国际市场。

文章称:"今年初,上汽曾经参与收购的韩国双龙汽车最终进入破产阶段,让上汽领略到对外并购的艰辛。此次进入印度市场,是否也会面临文化隔阂和工会抗争的困境呢?上汽相关负责人表示,韩国投资环境受强势工会文化和排外情绪的影响较大,有一定的特殊性。印度近年则采取多种措施吸引外资,市场开放程度不断提高。从汽车行业来讲,大部分全球主要汽车企业已在印度投资建厂,这一点也与韩国市场有所不同。"

文章还称:"业内人士分析,目前,虽然中国汽车市场已经成为全球第一大市场,但中国汽车企业在海外经营上,还有许多需要学习和提升的地方,上汽作为中国汽车的龙头企业,在双龙失利之后,依然坚定的'走出去',无疑是扩展海外影响,树立全球品牌的必然选择。而与通用汽车的携手,又能避免在海外市场的风险,不失为一种务实之举。"

评析:

读者从《解放日报》的文章里应该不难看出,上汽并购"双龙"失利的主要原因之一,在于上汽集团在并购"双龙"的筹划过程中,对强势的韩国工会文化和双龙排外情绪的状况一点都不了解,或者说了解得不多。也就是说,

1. 上汽集团没有企业情报部门，所以上汽集团的决策层在讨论并购韩国双龙汽车的项目时，没有关于双龙汽车工会方面的情报信息作为决策时的参考依据，致使上汽集团的决策层，对韩国双龙汽车企业文化的了解与掌握，基本上处于盲区。从而导致没有可靠的、深层次的情报信息，让集团领导作为并购决策时的参考依据，以致并购失利。

2. 上汽集团有企业情报部门，但是，该部门只是采取一般的、公开的资料摘录，还是沿用改革开放之前的传统方法来做现代企业的情报搜集工作。但是，双龙汽车的企业文化及工会的排外情绪，是网络上和报纸杂志上摘抄不到的。所以，上汽集团的情报部门就无法掌握，从而也无法给领导提供正确的情报信息。这是大部分国有企业的一种通病，原来的资料室就是现在的情报室。

3. 上汽集团已经具有现代企业所需要的情报部门，但只是刚刚起步，正在摸索与学习之中，还要给他们一定的打基础的时间。

4. 实际上，类似上汽集团的案例，在我们的国有企业中并不少见，各类媒体时有披露与报道。关键是我国在企业情报工作方面既无成熟的教材，也无可借鉴的模式，同时也缺少政府方面的有力推动，导致企业在情报工作方面是"八仙过海，各显神通"，能做多少算多少。

第二节 理论与实践尚待完善

我们国有企业的情报工作为什么会如此之差？我们国有企业的情

报工作为什么会发展得如此缓慢？作者以为，这主要有以下几个方面的原因：一是理论界对企业情报的认识尚未统一，对企业情报的概念也各执所见，他们还在积极地争鸣之中，拿不出权威性的教材；二是缺乏规范的企业情报的培训与指导；三是绝大部分的企业领导缺乏情报意识，情报工作在企业还没有被引起充分与足够的重视；最后是缺乏政府有关部门的推动。

从本世纪初开始，我国已经有大量的学者开始撰文，从理论上研究与探讨传统企业情报（以公开资料的摘录为主）与现代企业情报（以人际网络情报为主）的区别；纷纷探讨人际网络在企业情报中的重要作用；纷纷探讨企业如何开展情报工作，这是一个相当可喜的现象。

这些学者盛赞人际网络情报在企业竞争中的不可缺性；他们盛赞人际网络在企业情报中的重要地位，有不少学者还撰写出有相当价值的有关论文及研究课题。但是也有反向思维者认为："让企业运用人际网络去获取竞争对手情报信息的做法，是特工的伎俩，是国家安全部门专用的鬼鬼祟祟的方法，是半鬼半人的方法，不屑一顾。"双方在这一问题上的争鸣，也已经有多年了，观点尚未统一。

由于对这一实质性的问题，在理论界尚没有一个明确的、权威的说法与定论，从而导致实际操作上的滞后不前，致使企业情报工作得不到有效的帮助和指导。究其原因，主要是人们对"情报"与"谍报"的区别；"情报"与"信息"的区别还不甚明了。从而混淆了企业情报与间谍情报的区别、混淆了企业情报与信息资料的区别，由此形成了我国企业情报工作的实际发展，远远落后于我国经济的发展。

一、情报不是谍报

美国中央情报局原局长杜勒斯说过这样一句俏皮话："如果你能使

一位官员向你提供重要的内幕情况,这就是情报。如果这位官员把一份保密文件放在办公桌上,而你把它偷走了,这就是间谍活动。"这个说法不失为"行家"对情报和谍报的区分。作者把这句话再展开一点,即:如果你能够不采用威胁、利诱、行贿等非法手段,而是通过正常的,或是谋略的方法,让一位企业的竞争对手或者知情者,自觉自愿地向你讲述某件经济活动的内幕,或某件重要产品的生产机密等,这就是情报;如果你采取非法手段来获取这位知情者掌握的某项经济秘密,这就是谍报。

在市场经济的竞争条件下,企业合法地运用谋略的方法,运用人际网络的方法去搜集竞争对手的有关情报,这是很正常的,是绝对必要的,这些都属于企业情报的正常范畴,不是谍报。

任何国家对涉及自身国家利益的经济方面的情报信息,历来都是保密的,不对外开放的。国内外一些大型企业集团,对其企业内部的人事管理、财务报表、生产技术、生产价格、产品研发等方面,也都是保密的,在公开资料上是不会刊登的。如果不采用人际网络等谋略手段,这些情报是不能被轻易获取的,关键就是看你会不会使用,以及如何去使用人际网络等情报搜集的方法与手段。

"情报工作"有广泛的含义,从广义的情报工作来讲,搜集到手的情报,既会有公开的,也会有秘密的;从搜集的手法来看,既有合法的,也有非法的,具体要看从事什么情报工作。许多行业、企业、高校也都有自己的搜集和研究国内外有关经济信息的专门的情报机构、情报人员及情报渠道。这些和谍报都是两个概念,谍报工作有其自己特定的含义。

我们的企业情报工作,与人们通常所指的工业间谍和商业间谍的活动,在性质上和使用手段上是有所区别的。不能简单地把"情报"与"谍报"混淆在一起,以致形成"情报"就是"谍报"、"企业情报"就是"工业间谍"的错误概念。

有些文艺作品在描写工业间谍、商业间谍的细节活动中出现的暗杀、绑架、窃听等活动,在群众与读者中造成了一种负面的影响,从而使他们误认为"绑架、暗杀、窃听"等贬义词,就是情报工作的代名词,"企业情报工作"就是"007",这也是导致情报与谍报混淆的原因之一。

作者在一次讲授企业情报课的时候,学员中有几位是来自著名高校的学者。我就特意讲了情报与谍报的关系,还专门加了一段通俗的内容。大意是:电影"007"是文艺作品,是创作者在生活基础上的艺术虚构。他们的创作动机是希望有更多的观众在闲暇时间去看他们拍摄的片子;他们的创作目的是为了赚取最高的票房利润。我告诉他们,曾经红火于20世纪80年代的美国影片《神探亨特》,描述的是美国联邦调查局的一对男女侦探,他们在紧张的工作之余,还可以在宾馆内同居一室,演绎激情,这在现实生活中可能吗?在座的学员都知道了我要表达的意思,从而也都明白了"007"是艺术的虚构,而不是生活中的原型。

二、重文献的检索与摘编,轻大脑的谋略与智慧

企业情报工作已经引起了各方面的重视,我国也有二三十所高校将原来的"图书馆学系"更名为"信息管理系"等其他名称,并在信息管理系中开设了"(企业)竞争情报"的课程,个别高校还开设了这方面的硕士课程与博士课程,应该说这是对图书馆学的一种创新,是对图书情报的一种创新。

但是,在这些高校的企业竞争情报的课程内,目前主要是侧重于理论的讲解;在情报的搜集方法上,偏重公开资料的收集,忽略了谋略历来是情报搜集的主要方法这一重要内容;同时,客观上也缺乏有实际工作或项目经验的教师;从而导致理论与实际脱节的现象较为严重,学生

缺乏情报搜集这方面的实践知识。福州大学图书馆馆长张文德先生在一篇内部刊物上撰文如是说："在（企业）竞争情报专业教育方面，虽然每年都会取得一些进步，但进步更多体现在理论教育方面，在学生实际工作能力的培养，尤其是通过项目和案例式培养严重不足。"（见上海图书馆内部刊物《竞争情报》2009年春季刊）

2009年4月，作者在讲授有关人际网络情报的知识讲座上，听到上海某重点高校情报学专业的三位硕士研究生反映：他们在学校里听不到这方面的专业知识，掌握不到实际操作的本领，毕业后如果要去从事企业情报工作，恐怕很难胜任。如果有可能，还是选择留校较为轻松……

难能可贵的是，南京大学信息管理系在这方面独树一帜，该系专门为企业"竞争情报"专业的硕士生、博士生开设了"（企业）竞争情报实验室"，鼓励和带领学生走出校门，到一线去实践。这种理论与实践相结合的做法，为在校学生提高企业情报的搜集、研究和运用，开辟了新的途径，也为我国高校的企业情报的教学积累了相当宝贵的财富。

三、国有企业情报工作的观念亟待转变

2007年初，作者因工作关系，参观了上海几家在20世纪50年代就享有盛誉的大型的国有企业。给我印象最深的是，这些企业情报部门的人员大都是一些外文翻译。他们的任务就是翻译公开发行的外国资料。所谓的企业情报室，就是原来的外文资料翻译室。他们把企业情报工作，理解为是简单的、纯粹的资料翻译工作。当然，在企业情报工作中，公开资料的搜集与翻译也是需要的，而且是必要的。但是从今天的市场竞争来说，企业情报部门仅仅局限于搜集公开的资料是远远不够的。我们国有企业情报工作的现状，特别是大型企业集团，亟待改

变、提高与规范。

第三节　企业情报的培训现状

在国家层面、政府层面还没有举办企业情报工作培训的情况下,有些大型企业从实际需要出发,自己派员外出参加企业情报工作的培训,建立情报工作的专门机构,指定情报工作的专门人员,开始探索企业情报工作,取得了较好的效益。

2005年6月,作者应湖南省龙马管理咨询公司的邀请,第一次开设了"企业人际情报的收集与反收集"讲座。没过多久,类似讲座就在全国十几个省市相继开设。到2009年底止,已经有数百家企业的员工参加听课,很多企业对开展企业情报工作的反响相当强烈,而且期望很高。

一、汽车行业的市场竞争异常激烈

对企业之间激烈的市场竞争,过去的我基本上没有一点实际的感触,开展企业情报工作的培训之后,接触了众多企业界的朋友,才使我深深感觉到:企业要在激烈竞争的市场里站稳脚跟,实属非易。而企业情报工作的好坏与否,对企业能否在市场竞争中取得胜利,有着重要的作用。

我仔细观察了一下,每次培训开课的时候,都有汽车行业的学员在座。这些汽车行业的学员在课后与我聊天的时候讲,汽车行业的竞争有着较多的不同于其他行业的地方,譬如:汽车生产的周期比较长,汽车式样的更新却比较快,汽车行业涉及的部门和地域又比较宽阔;从而导致国内外汽车行业之间的竞争相当激烈。所以,他们认为汽车行业开展情报工作不仅十分需要,而且难度较大。

但是,我通过讲座和培训,明显感觉到,有不少学员所在的汽车集团已经在着手开展情报工作了;还有个别的汽车集团,早已经在2006年左右就开始在探索企业情报工作的管理了,明显走在了其他汽车集团的前面。

二、科研院所、高等院校也在积极举办企业情报的培训

科学在发展,科技成果在不断创新,企业情报工作的地位与作用已经引起了各方面的关注和重视。一些科研院所、高等院校看到了这个动向后,也开始积极参与和举办有关企业情报工作的各类培训,有力地推动了企业情报工作的全面开展。

三、各类大中型公司积极参与企业情报的培训

随着改革开放的进一步深入,市场经济的进一步完善,资本的不断扩张和集聚,低层次的竞争逐步消失,市场越来越规范,竞争越来越激烈。我们一些大型的企业集团和公司,正在通过企业情报的培训,来逐步寻求拓展的抓手、决策的支撑。据学员自己反映,这些前来参加企业情报工作培训的大中型公司,基本可以分成这样几种类型:

1. *初次涉足*。这类企业是刚刚踏入企业情报的行列,先出来感觉一下。

2. *经费充足*。这类企业每年有一定量的培训费,不用就浪费了,出来休闲。

3. *广结人缘*。这类企业希望通过培训结交朋友,以进一步拓展

市场。

4. **充电提高**。这类企业已经有了一定基础的情报常识,希望进一步提高。

5. **引进外援**。这类企业有很强的情报意识,但不知从何入手,希望通过培训,寻找合作伙伴。

6. **建立体系**。这类企业既有情报意识,也有操作经验。他们前来的目的是:通过培训,回去后能够为企业建立合理的、科学的企业情报体系。

面对着众多的企业集团的学员,我在培训时候对他们常说的话是:"企业情报工作不是后勤工作,企业情报工作也不是物流运输,企业情报工作是企业的命脉。企业情报的搜集一般不宜外包,不宜引进外援,要学会自己走路,实在不行慢慢来。企业领导对情报工作的开展,要给予一定的时间作为基础调研的阶段,只要基础工作做扎实了,情报就会信手拈来。"

四、情报工作是外资企业的强项

出席企业情报各类会议和培训的学员中,除了大量的是中方的企业外,还有一些是外资企业的学员。对于在华的大型的美商独资企业也前来光顾,倒是出乎我的意料。因为从一些资料上了解到,规范的企业情报工作应该始于美国的摩托罗拉公司。该公司的第一任情报总监,就是美国中央情报局的退役官员郝林(音译)。而且,世界性的"企业竞争情报协会"也设在美国,每年的企业情报年会也基本上在美国各地轮流举办,且美国的大部分企业都设有情报部门。我的唯一理解是:外资企业的学员频繁前来听课,应该是为了入乡随俗,为了更多地了解中国式的企业情报是如何开展的,从而更完美地做好他们在华企业的情报的搜集与反搜集工作,以便更多地占领中国市场。一位来自一家美国公司的驻华总裁曾经问我:"你们中国的企业为何不设情报部门?"我只能对他双手一摊两肩上耸,作为回答。

第四节　上海企业情报工作的现状

一、上海企业情报方面的部分调查数据

2007年初,上海市有关部委主持召开了"上海市企业情报工作座谈会",与会的几十家国有、民营及外资企业的代表,谈了不少看法,发人深省。现将座谈会上无记名调查问卷中的部分内容,及代表的发言整理如下,供读者参考。

(一)调查问卷的有关数据

1. 与会企业的代表,国有企业最多,占37%;合资企业占34%;外商独资企业占16%;民营企业占13%。

2. 与会企业的人员规模,2 000人以上的占24%;550到2 000人的占43%;100到500人的占27%;100人以下的占6%。

3. 对企业情报的重视程度,领导比较重视的占81%;一般重视的占19%。

4. 当前如果要开展情报工作,希望加强情报业务培训的占64%;希望政府部门大力支持的占58%;希望有专家指导的占42%;希望有政府或专业部门帮助搜集情报的占42%;希望政府部门帮助建立情报工作机构的占21%。

5. 企业情报工作已经在摸索进行的占62%;不知从何入手的占

13%；尚未开展的占 12%；情报工作已经开始走上正轨的占 13%。

6. 企业情报同企业决策的关系，认为很密切的占 82%；有点关系的占 18%。

7. 认为一个合格的企业情报人员应该具备的基本技能，知晓同行业发展水平的占 91%；要具备灵活的人际交往能力的占 96%；要熟悉本公司业务知识的占 88%；至少懂一门外语的占 85%。

8. 当前搜集企业情报的主要渠道，通过报纸杂志与互联网的占 88%；通过人际关系的占 58%；请咨询公司、商务调查公司代做的占 39%。

9. 希望政府在企业情报方面推动企业开展情报工作的占 76%；组织协调重要领域企业情报工作的占 67%；应该为所有本地企业提供情报的占 46%。

从上述调查问卷的统计可以看出：出席座谈会的企业代表，不管企业的规模大小和所有制的性质如何，大家都普遍认识到企业情报工作的必要性和重要性，有的企业已在着手进行情报工作，并取得了一些效果。但多数企业对应该如何进行企业情报工作还缺少办法。他们都普遍希望政府部门要加强组织协调人员培训和业务指导。同时还反映出：目前企业情报的搜集方法，还是沿用传统的图书资料的收集，对如何运用人际网络去搜集竞争对手的情报还不甚了解，或者是误解为谍报。

（二）与会代表的主要疑虑与困惑

在座谈会上，多数与会代表都反映，企业情报与国家安全情报到底有什么区别？企业情报同传统的图书情报又有什么关系？企业情报是否就是谍报？做企业情报工作是否就等同于工业间谍或商业间谍？对待这些问题，与会代表存在着很大的疑虑与困惑。

他们又表示，自己也很清楚，传统的摘抄图书资料的方法，已经不能适应企业竞争的需要,互联网上虽然有大量的信息,但真假难辨,不敢使用。人际情报虽好,但如何去做?人际网络又如何去构建?怎样通过人际网络去搜集目标对象的情报信息?与会代表希望所提问题能得到一个明确的答复。

第五节　政府对企业情报的推进

在企业的有力催动下,各级政府部门也开始关注并着手规划企业情报工作,为企业情报工作在我国的推进起到了科学的指导作用。

一、全国第一份省市级的企业情报工作的课题在上海完成

2006年10月,上海市有关部委开始探索如何在本市企业开展情报工作,是否可将"企业情报"纳入正常的工作与管理范围,并且是否能以此契机,为本市推进自主创新,全面提升国际竞争力做出应有的贡献。

为此,该部委还成立了"上海市企业情报调研"课题组,对上海市几十家高新技术企业,在企业情报方面的工作进行了抽样调查,并召开了多次座谈会。通过调研,课题组得到了很多宝贵的第一手的资料和数据,并完成了全国第一份省市级的企业情报工作的课题"上海市企业情报工作调研"。

二、全国第一家省市级的企业竞争情报中心在湖南诞生

就像火辣的"超女"吸引全国年轻的电视观众的眼球一般,湖南经

常会率先推出颇具新意的创举。湖南省在省委书记张春贤同志(现任新疆自治区党委书记)的亲自关心下,成立了全国第一家省市级的企业竞争情报中心,在中国企业情报界引起了极大的反响与关注。

2006年11月,张春贤同志指出"要重视工业竞争力和重要的商业情报问题,推进我省新型工业化";2006年12月,湖南省科技厅组织省科技情报界的专家学者,就成立"湖南省竞争情报中心"进行讨论;2007年,形成了"湖南省竞争情报中心建设可行性方案",并开始中心的组织建设;2007年11月21日,湖南省科技厅正式下文成立了"湖南省竞争情报中心";2009年1月5日该中心正式挂牌成立,湖南省科技厅厅长王柯敏先生对中心的要求是"打造科技信息服务王牌军,全面提升服务能力和竞争能力"。

该中心成立之后,先后为省内几十家企业提供了企业竞争情报的服务;并与来自美国、法国等地的专家进行了交流;还与北京大学信息管理系联合办学,共同培养(企业)竞争情报方向的在职硕士研究生。

三、科技部成立为创新型试点企业服务的竞争情报专家组

2008年5月28日,科技部门户网站全文刊登了《"技术创新引导工程"工作简报》第四十四期,文章的标题是:《科技部为创新型试点企业提供竞争情报体系建设示范服务》,内容如下:

> 竞争情报能力是企业开展技术创新和参与市场竞争的重要基础。为了增强创新型企业的情报获取、管理及应用能力,进一步提升企业的创新和竞争能力,科技部委托有关专业机构,选择若干符合条件的创新型试点企业,开展竞争情报体系建设示范服务工作。

本项工作将派出由有关专家组成的项目实施工作小组为企业竞争情报体系建设提供专业咨询服务和个性化的建议方案。

作者作为被邀请的专家之一,随科技部有关部门的领导,前往被列入国家级创新型试点的企业,进行了企业情报工作方面的考察,并提出了个人的看法与建议。

第三章
企业情报与其他情报的关系

我国的企业情报工作因改革开放而由市场经济产生。到目前为止,尚无规范的教材,也无规范的行业协会,更无规范的操作模式,一切尚处于探索阶段。

企业情报与业已成熟的国家安全情报、图书情报相比较,这三者的服务对象不同、工作性质不同,所以由此而产生的工作方法也不尽相同。从事企业情报的工作人员一定要从理论上分清这三种情报的不同点,才不会在实践中步入歧途。

第一节　企业情报与国家安全情报、图书情报的关系

　　从现实状况来看,无论在我国还是在全球,国家安全情报和图书情报在理论的研究和实践的操作上,都已经基本完善。唯独企业情报工作尚在起步阶段,各方面均不成熟。而且,我国情报学的理论研究者,还有一些热衷于企业情报的业余爱好者,他们对信息与情报的差异存有不同的看法,还在不少刊物上"百家争鸣";他们对企业情报与谍报的区别,也还不甚明了,也在不同的杂志上"百花齐放";这是一场诸子百家、各执所见,相当有趣的学术讨论。

　　要做好企业情报工作,就必须搞清楚企业情报、国家安全情报、图书情报这三者之间的联系与区别,这是一个必须面对的问题,不能回避。

一、情报的分类与搜集方式

　　1. 情报的三种类型
　　(1) 图书情报:包含科技情报、报刊资料情报和网络情报。
　　(2) 企业情报:包含商业情报、工业情报和市场情报。
　　(3) 国家安全情报:包含政治情报、军事情报和涉及国家经济命脉

的重大的经济情报。

2. 三种不同的搜集方式

(1) 图书情报的收集方式一般是静态的;

(2) 企业情报的搜集方式是:既有静态的、也有动态的;

(3) 国家安全情报的搜集方式:既有静态的、也有动态的,还有特殊的保密的搜集方式。

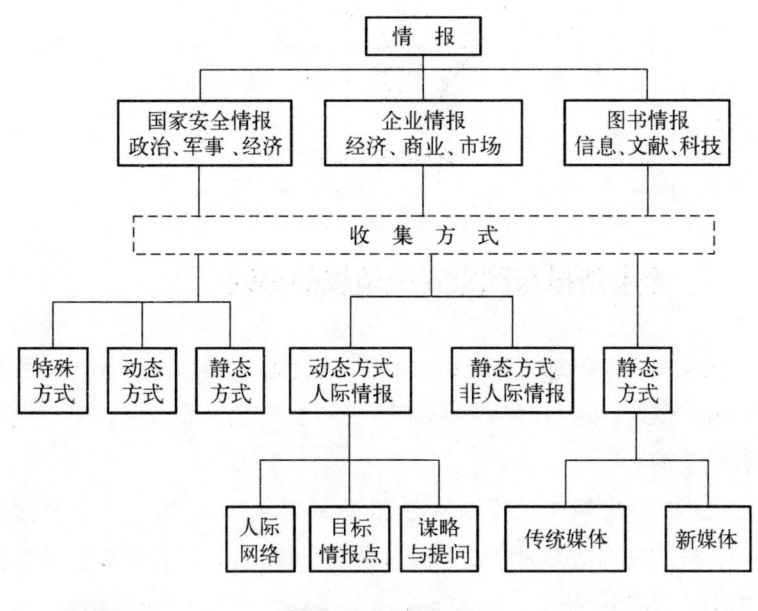

情报的分类与搜集方式

3. 三种情报之间的逻辑关系

从上述图标可以清晰看出:(1) 图书情报的检索方法被企业情报的搜集方式所包含;(2) 企业情报的搜集方式被国家安全情报的搜集方式所包含。

所以,这三者之间的逻辑关系是:前者的收集方式隶属于后者,前者的工作内容被后者所包含；前者是内涵小而外延大，而后者是内涵大外延小。

见下图：

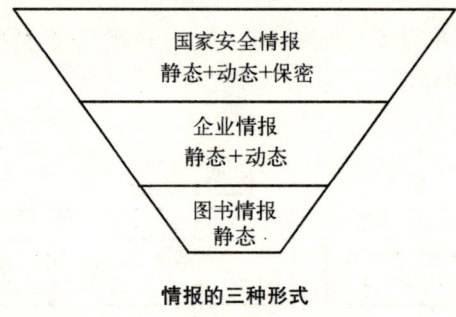

情报的三种形式

二、企业情报与国家安全情报的异同

国家安全情报是一项保密的工作，其具体的工作方法，外界一般不得而知。但是，某些具有情报基本特征的工作方法，企业情报部门也是可以借鉴的。

1. 企业情报与国家安全情报的相同点

企业情报部门同国家安全情报部门一样，二者都需要从公开的信息报道中去寻找、搜集有用的参考资料，然后进一步开掘与印证，这是二者之间的第一个相同点。二者的第二相同点是：双方都需要用"动态情报"的方法，即运用人际网络的方法，通过人与人的交往去获取对己方有重要利益的、有价值的情报信息。企业情报的工作方法，只是国家安全情报中的一个极小部分。

现实中的企业情报的实际发展情况，就充分证明了，国家安全情报工作中的很多理论与方法，是可以用来指导企业情报工作的，二者是可以互通的。如：由北京中兴新景公司举办的"2008年第四届中国竞争情报年会"和"2009年第五届中国竞争情报年会"，就吸引了一些曾经在美国中央情报局、美国军事情报部门的退役的特工人员前来与会。这些美国的前特工人员，在自我介绍中称，他们退役之后都在为美国一些大型企业的情报部门服务。同时，我们的与会代表（一些热衷于企业情报的图书情报工作者）也在会后与他们另觅场地，进行积极地、小范围地聚会与交流，共同探讨企业情报的发展，并还在进一步商榷他们来华讲课的事宜。这些现状就充分证明，这两种不同情报部门之间的人员，在工作方法上也有不少共同点，可以交流、沟通、切磋，共同提高。

2. 企业情报与国家安全情报的不同点

企业情报是为企业的可持续发展服务的，而国家安全情报是为了一个国家的安全、国家的利益而去开展工作的。二者的不同点表现在：

首先，服务的对象不同。企业情报只能为自己的企业服务，而国家安全情报是为整个国家服务的；

其次，工作的性质不同。企业情报是为了企业自身的可持续性的、科学的、健康的发展服务，而国家安全情报是为了整个国家的安危和社会的稳定服务的；

再次，工作的方法不同。由于企业情报和国家安全情报二者的服务对象不同，工作性质不同，所以，必然会导致二者在工作方法上也有所不同。国家安全情报部门为了国家的安全、社会的稳定，除了采取一般性的、常用的情报搜集方法之外，还可以使用一些特殊的手段和方式，而这些特殊的手段和方式，就不适应也绝对不允许企业情报部门去使用。

三、企业情报与图书情报的异同

企业情报与图书情报是情报信息工作中的两种形式。二者既有共同点、也有不同处。图书情报主要是通过各类公开信息的检索，从而去获取有关科学发展、技术创新的现成的、由他人编撰好的资料。图书情报的获取虽然比较容易，但面广量多，要从大量的资料中，去寻觅和获取高质量的、有针对性的资料也不是容易的。而企业情报的搜集，除了同样需要公开资料的检索外，主要是通过人际网络的关系，去巧妙地获取企业所需要的情报。两者获取情报的内容与获取情报的方法有着本质的区别，图书情报的工作方法只是企业情报中的一个极小部分。

1. 企业情报与图书情报的不同点

首先，获取情报信息的渠道不同。图书情报获取信息的渠道，主要是从已经公开发表的文献资料以及互联网上，去检索被他人编撰好的二手资料和信息；而企业情报除此之外，更强调通过人际网络，通过人的智慧与谋略去获取目标对象原始的、尚未公开的、准确的第一手情报。在企业情报中，公开资料的收集，只是情报信息的获取渠道之一，是一种辅助性的工作。

其次，情报信息的表现状态不同。"图书情报"是已经形成文字、图像、音像的呈"静态形式"的信息资料；而企业情报是除了静态的资料之外，还要求去获取目标对象正在酝酿的、尚未实施的，或者已经实施，却没有公开的呈"动态形式"的情报信息。

再次，对情报人员的要求不同。"图书情报"的工作人员只需要一般熟悉业务，作风细致又能熟练运用电脑的人员即可；而对企业情报的工作人员则要求较高，除具备上述条件外，还必须既要善于对外交际、注意活动隐蔽；又要精通企业业务，还能在交际过程中，运用智慧去获取本企业所需要的情报信息的人员。

最后,所起的作用不同。图书情报摘编的资料,是给领导层及企业情报人员起到扩大视野的参考作用;而企业情报人员提供给领导的是决策依据,是使企业能够赢取利益的助手和参谋。二者的作用不可相提并论,不能同日而语。

社会在发展,时代在进步。"图书情报"在学术界一般称之为传统情报,在计划经济的体制下,用传统的图书情报的检索方法来为决策服务,也不失为一种可行的方式;但是,在当前市场经济的大潮中,必须同时运用两种方法,而更应重视运用人际网络的方法,来开展企业情报工作。

2. 企业情报与图书情报必须共同警觉的焦点

在市场经济的大环境下,各个企业不但不可能把自身的重要信息,清晰地放在公开媒体上让所有竞争对手去共享,而且还会故意放大或者缩小、甚至扭曲自身的重要信息,以干扰竞争对手的视线。这在市场竞争的条件下,已经是一个不争的、不可回避的事实。某行业协会负责人就曾公开表示:"公开的行业信息都是给外人看的,而且统计上存在不同标准,未公开的一般是各个企业的具体生产资料,以及影响交易的、行业的真实成本数据,比如……"

所以,在市场竞争日益激烈的今天,企业情报部门要清醒地认识到:你们的竞争对手,可能会在对某些信息经过精心加工之后,在一些公开资料或媒体上发表,诱使对手上当。如果不加分析贸然地采用各类公开的宣传资料作为企业决策的依据,必然会对本企业的正常运行带来极大风险,从而极有可能导致企业危机的产生。

如果企业情报部门要将公开资料的内容作为决策依据的话,必须对这些从公开渠道采集而来的信息,认真对其进行真实性、时效性、有用性的调查,并加以认真分析、去伪存真、有选择地使用。

第二节　企业情报的引进与发展

企业情报是随着国家经济和市场经济的发展而产生的。在世界发达国家,企业情报的发展已经有相当长的历史。在我国,由于长时期的实行计划经济,国民经济的发展速度较慢,从而导致企业的情报意识相当淡漠,企业情报的规范操作模式,更是基本空白。而且,相对于已经自成体系、较为成熟的国家安全情报和图书情报而言,企业情报在理论的研究与实践的操作上,还处在探索之中。但是,随着改革开放的进一步扩大与深入,随着市场经济的进一步完善,我们相信,企业情报工作的实践操作与理论体系的建设一定会不断发展,日臻成熟。

一、率先倡导——引进企业竞争情报

中国的企业情报工作起步较晚,但也有少数个别的企业为了自身的竞争需要,也进行过一些情报信息工作,但是缺乏系统性、主动性和组织性。20 世纪八九十年代,以中国兵器工业集团 210 所研究员包昌火先生、北京大学教授谢新洲先生为代表的一批以从事图书情报、科技情报为主的学者,凭借着他们扎实的理论功底和敏锐的观察能力,已经率先意识到,随着改革开放的进一步扩大,随着市场经济的进一步深入,企业情报必将成为企业科学决策的依据、企业情报的意识必将为企业所接受、企业情报工作也必将成为企业管理的重要内容。于是,他们从国外引进了主要用于企业情报的"竞争情报"的理论学说,并集合了多达八十几人的写作班子,撰写了一套比较系统的、主要侧重于理论研究方面的《竞争情报系统》丛书,以指导企业的情报工作。这套丛书的

出版充分体现了部分图书情报工作者,在新形势下自我创新、合成创新的强烈意识;充分体现了部分图书情报工作者拟重新学习、转化角色,服务于企业情报的良好愿望。

学者们在丛书的前言中提出:"企业竞争情报系统是以人的智能为主导,信息网络为手段,增强竞争力为目标的人机结合的竞争战略决策支持和咨询系统。"这就明确告诉我们,学者们从一开始就已经清醒地认识到:企业"竞争情报"的实际操作,还必须以人的智能、人的谋略为主导。

为加强企业竞争情报界的国际交流,该丛书还聘请了美国企业竞争情报协会前主席约翰·E. 普赖斯科特作序。其在序言中写道:

"商业组织的竞争情报实践,很大程度上受益于政府及军事情报的实践知识。商业情报领域的许多先驱者来自各种政府组织。他们带来了一整套的观念和见解,这套观念和见解已经经过了数个世纪的改进。"

企业"竞争情报人员感兴趣的是与许许多多各种各样的人建立联系";"直到最近,西方竞争情报人员才认识到人际网络情报的重要性。完善的人际情报网络是搜集高质量信息的最有效机制。(诺兰,1999)康柏、壳牌国际服务和 Teleordia 这样的公司都已围绕网络概念设计了他们的竞争情报职能部门。"

读者从这里可以不难看出,已经有了多年实践经验的美国企业竞争情报的协会主席也坦承,美国商业情报的很多做法,实际上都是套用了美国政府情报部门及美国军事情报部门的做法。因为,这套做法已经被实践证明是可行的。

从中美两国企业竞争情报倡导者的文章中,我们可以得出三点认识:

1. 企业竞争情报系统是以人的智能为主导地位的;

2. 企业竞争情报要学会在法律许可的范围内,借鉴国家安全与军事情报部门的实践知识和某些做法;

3. 企业竞争情报工作者要学会与人打交道的能力,建立人际网络情报。

相当可喜的是,我们有些高校和科研院所,在开展企业竞争情报理论教学的实践中,已经认识到"人的智能"的重要性;已经认识到如何去借鉴"国家安全与军事情报部门的实践知识",已经在开始积极探索人际网络在企业情报中的作用。有些企业在开展情报信息的工作中,也加深了对通过人际网络搜集情报的重要性和必要性的认识,并开始着手研究人际网络在企业竞争情报中的作用与用途,对加强企业情报工作起到了显著的推动作用。

二、"人际网络情报"的简单探讨

从本世纪初开始,我国已经有相当多的、在高校从事"信息管理"专业教学的教授、学者,纷纷开始在各类公开的媒体上撰文,探讨人际网络情报在企业竞争情报中的作用与地位,这是一个值得庆贺的现象。说明我们的部分图书情报工作者,不但在理论上向企业情报转换,而且在实践上也正在从传统的情报搜集方式,向现代化的企业情报的搜集方式迈进。

1. 人际网络情报的基本介绍

作者对人际网络情报的理解是:通过有意识、有目的的围绕竞争对手、目标对象去构筑一层至多层的人际关系的链接,并充分利用这个链接去进行接触与交流,使企业情报人员最大限度的发挥他们的聪敏才智,并将个人与集体的聪敏才智,经过人际网络的链接,充分发挥作用,从而在茫茫的人海中去寻找、去搜集、去传递对本企业能"降低成本、增加利润、扩展市场、预知风险、防止危机"的情报信息。

在整个企业情报的搜集与反搜集的过程中间,人际网络情报是竞争双方一场打拼智慧的、激烈争斗的"头脑奥林匹克竞赛";是一场高难度的、酣畅淋漓的、脑力劳动与体力劳动相结合的"头脑风暴";是一场展现双方艺术魅力的情报搜集的大餐,也是企业情报搜集过程中的主要精华所在。

在企业情报的搜集工作中,最有价值的、工作难度最大的就是人际网络情报。通过人际网络搜集目标对象的情报信息,主要有三种方法:

一是在深入了解对手情况的基础上,围绕目标对象构建人际情报网络;

二是在深入掌握对手情况的基础上,牢牢控制住对方情报信息的产出点;

三是在深入掌握对手情况的基础上,运用谋略使掌握对手情报的知情者、自觉自愿的"自我释放"已方所需要的各类情报信息。

以上三种方法将分别在本书的第七章、第八章、第九章中具体阐述。这三种方法里,既有适应初学者使用与练习的,也有供老练者欣赏与把玩的;既有被动型的搜集,也有主动性的进攻。

这三种方法也是企业情报与图书情报的最大区别。

2. 人际网络情报的任务

从事人际网络情报的任务主要有两个:一是通过已经编制好的人际网络对从公开媒体上检索到的、有一定参考价值的信息资料进行甄别与核实;二是通过编织企业内外两个人际网络去搜集目标对象的情报信息,并加以甄别与利用。在这两个方面中,后者重于前者。

3. 人际网络情报的地位

通过人际网络获取的情报也可称作"动态情报",它在企业情报工作中间所起到的作用,应占80%以上;而图书情报也可称"静态情报",在企业情报部门的作用里,最多只占20%左右。因此,企业情报部门应该把主要的精力,放在围绕目标对象构建人际网络的工作中,这个工作模式是不容置疑的。人际网络情报的地位是整个企业情报部门中的核心,其地位与作用也是其他部门所无法替代的。

下面,请读者看两个最简单的案例,以了解企业情报与图书情报的差异。

案例一

某外籍华人利用人脉关系搜集我企业情报

某外籍华人,出身上海,自称是某某名门的后代。自改革开放后,一年中起码有半年时间待在上海。在上海时,其到处散发"某某国家与我国贸易促进会"会长顾问的名片;炫耀自己有很多项目要与国内合资;见人就了解我国的市场情况……有些地区的政府部门及企业受他蒙骗,在酒桌的闲聊中,被其窃取了不少我国市场与企业的重要机密信息。

评析:

其后经过了解,才知道此人是某跨国公司企业情报部门的成员,他利用出生在上海,在上海人脉关系较多的条件,通过朋友的介绍,与政府部门官员、企业领导层拉拢关系,为自己的企业集团搜集到了大量的商业情报。

后据学员反映,此人已经基本掌握了人际网络情报的搜集方法,他在结交一些商业界和企业界的朋友时,先从他附近个别的"爱交际的人"那里开始,再顺路走到"知道线索的人"那里,随后直捣"掌握情报的人"身边,最后是笑逐颜开,满载而归。

案例二

某跨国公司招聘企业情报主管的条件

个别在中国的跨国公司,他们在招聘企业情报主管的要求上,十分注意人员的综合素质。2008年初,作者从一家著名的跨国公司上海分公司招聘情报人员的资料中发现,他们招聘企业情报主管的条件是:

1. 能够负责管理企业中的商业情报;
2. 能够集中管理企业情报中的搜集行动、卧底行动;
3. 对接与中华人民共和国各执法机构的联系;
4. 有最低5年的在国内执法机关、或企业内部外部调查工作的经验;
5. 学士学位或在调查或工业安全方面等具有有效技术资格。

从这里可以看出,跨国公司对招聘企业情报主管的要求是非常高的,而且也相当重视。

第四章
搜集情报的人际网络

用于企业情报搜集的人际网络要做好成员的物色、分类、沟通、联络、运用、指挥等工作。这是做好企业情报搜集工作的基础。

企业情报在搜集方式上,既不同于国家安全情报,也不同与图书情报。企业情报的主要搜集方式,就是人际网络,即通过巧妙地利用人与人之间的关系,在合法的前提下来获取竞争对手和目标对象的情报信息。

利用人际网络来搜集竞争对手、目标对象的情报信息,其最基本的基础工作,就是围绕目标对象,选择好你所需要依靠的朋友(情报的来源渠道),并将这些朋友根据不同的特点和作用,分成不同的层次,构筑好由浅入深、循序渐进的人际网络,以适应情报搜集工作的需要。并须经常和这些朋友保持感情上的沟通联络,以保证渠道的畅通。一般来讲,这些朋友可以由浅到深分成三个层次。

这三个层次的朋友分别是:"喜爱交际的人"、"知道线索的人"和"掌握情报的人",这三层朋友之间是层层递进的关系。选择前面的两

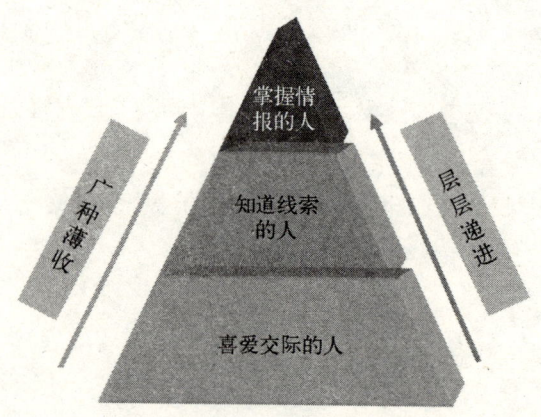

人际网络

种"喜爱交际的人"和"知道线索的人",只是一种铺垫,是对信息和线索的搜集,可以将其称之为是一种过渡的办法。最终的目的应该是手中必须握有一批"掌握情报的人",以通过他们来为你做好情报的搜集工作,这才是你的真正目的,这才是你做好企业情报搜集工作的真正依靠。这就是作者所要讲的,用于企业情报搜集的人际网络。

一个专职的企业情报工作者,如果每年有2—3个"掌握情报的人"与你成为知己,为你在搜集竞争对手的情报,那么你的任务肯定会完成得相当出色。

有些学者将此类运用人际网络搜集竞争对手情报的方式,称之为"通过第三方搜集",也是可行的。

第一节 人际网络的人员分类

要做好人际网络的情报工作,在结交朋友的时候,切忌急于求成。因为人的工作是最难做的,这是人际网络情报中最最基础的工作,一定要把基础工作做扎实。否则,你的情报工作就是无源之水、无本之木。要做好人际网络情报,除了要学会善于结交朋友之外,还要根据这些朋友的特点,进行有效的分类,使交友工作做得更有针对性。

做企业情报工作的倘若没有这批人际网络的朋友作为依靠,就势必要走回到"报刊摘编、网络摘抄"的传统情报的做法。

这些朋友的特点分别是:

一、喜爱交际的人(简称"爱人")

当你刚刚开始涉足企业情报工作的时候,不会有任何的情报来源,你的首要任务是：围绕目标对象，去寻找一批喜爱交际的朋友。

"爱人"的特点之一是：大碗喝酒、大块吃肉，性格豪爽、坦率直言；胸无隔夜话、来者都是客。正因为他们的豪爽、潇洒。所以，在他们的周围聚集着一批各种类型的朋友。此外，还有一批朋友的朋友。因为他们的豪爽，所以，任何保密的语言，在他们这里都成了茶余饭后及酒桌上的话题，无任何秘密可言。

"爱人"的特点之二是：通过他们，企业情报人员可以接触到不少你所需要了解的情报信息。但是，这些情报信息相对都比较粗糙和表面。因为，这是他们茶余饭后的话题；而聊天的话题经常是"拷贝会走样"的。但是，通过他们，你可以去认识与结交在他们周围的朋友，从而去寻找"知道线索的人"和"掌握情报的人"。

"爱人"的特点之三是：因为他们的性格太豪爽，你今天所要打听和了解的事情，在他们明天的酒桌上，就成了议论的主题或者是大众的笑料，这批朋友一般没有城府。所以，与他们的接触原则是：只能听，不能问，这是人际网络的第一个层次。

二、知道线索的人（简称"线人"）

这是你的第二步工作，当你的手中掌握了一批豪爽的"爱人"朋友之后，你就要设法通过他们，或者从他们中间去寻找出一批可以升级为"知道线索的人"，即"线人"。你既可以在"爱人"里面去物色"线人"，也可以通过与他们的接触之后，去进一步开拓寻找的途径。工作的方法多种多样，要根据具体情况灵活掌握。在情报搜集的具体工作模式中，基本上没有统一不变的方法，看个人自己发挥。

"线人"的特点之一是：这些人比较谨慎，通过一段时间与你交往，和你的关系已经不错。由于你的沟通、联络，已经起到了一定的效果,他们会把你所要了解的信息逐步和盘托出。如果你有不清楚的地方,可以继续向他们询问,但是要注意掩盖你的真正意图。

"线人"的特点之二是:线人的全称是"知道线索的人",线人所掌握的情报信息大多数是不完整的,他所知道的只是线索,而"线索"不是"情报"。"线索"是需要通过情报人员的工作,去进一步查证核实的。

"线人"的特点之三是:线人很想进一步告诉你详细的情况,但是,他不具备进一步接触目标对象的条件。所以,你必须设法指导他,如何去进一步开展活动,以获取更深层次的情报信息。

三、掌握情报的人(简称"情人")

作为企业的情报工作人员,最需要的就是要有一批"掌握情报的人"。在这些人中,有些可能就是你的目标对象或目标企业里的情报掌握者的身边人。他们直接掌握着你所需要的目标对象的各类情报,有些就在目标企业里担当要职。

如果要想从这些人的手中搜集你所需要的情报,一定要事先设计好方案,通过谋略,让这些"掌握情报的人""自我释放"出来。谋略一旦获得成功,情报信息的来源就会永不枯竭。而且,情报的搜集相当迅速,情报的内容又相对准确。

作者之所以把上述这三类人简称为"爱人"、"线人"、"情人",是因为这样的提法较为幽默,在培训讲课的时候,既活跃了课堂气氛、又容易被大家理解和接受。作者也希望我们的专家学者,能够给这些朋友定义一个比较学术化的名称。

作为企业情报部门来讲,"情人"是人际网络中的最高层次的朋友,也是最佳的情报渠道。这些掌握情报的人,可以从"爱人"、"线人"中去物色,也可以另觅寻找的途径。

"情人"的特点之一是：企业情报人员与"情人"的关系，是建立在相互信任、有深厚的感情基础上的。你们之间要以诚相待，动之以情，相互取得信任、建立朋友感情。由于你在与他的交往过程中，融入了高超的人际交往艺术，促使他能自觉自愿的把他所掌握的目标对象的情况，如数告诉你。

"情人"的特点之二是：可以持续不断地、有针对性地给自己提供情报。因为他有接触目标对象的有利条件，而且与你已经建立了一定的感情。如果你对某件事情不清楚的话，可以通过他去进一步的了解与核实，这是情报部门的有利条件，也是"情人"与"线人"的主要区别。

"情人"的特点之三是："情人"提供的情况，大多数是第一手的情报，也就是情报部门最需要的、最及时的、最有效的情报。

刚才讲的是"爱人"、"线人"、"情人"这三者各自不同的特点，是便于我们的企业情报工作者在工作中把握。那么，如何去寻找和物色这样的人群呢？这才是基础的基础。情报工作者要善于在社会交际的场合，去寻觅有益的朋友，去寻觅能为我提供情报信息的朋友。

> **案例**

鸡尾酒会上美国同行在寻觅什么？

美国中央情报局在全球都有情报工作，美国中央情报局的工作人员，也具有相当强的获取情报的能力。

2008年11月，由北京中兴新景公司主办的"2008中国竞争情报国际年会"在上海举行，出席会议的有来自全国各地的一些知名的大型企业的代表共130人左右。在这些代表中，来自特大型的企业有：上海汽车、奇瑞汽车、东风汽车、长城汽车、比亚迪汽车、阿里巴巴、三一重工、李宁(中国)、摩托罗拉、双鹤药业、神华集团、鞍钢股份、九阳股份等。除此之外，还有 10 位左右来自美国企业的情报专家。从这些美国专家的自我介绍中了解到，他们中的多数，曾在美国中央情报局从事过情报工作，也有的曾经在美国政府的军事部门搞过情报工作。

这些美国专家在会议期间，不仅在开会期间接触代表，还在会后应个别代表的邀请，去饭店、酒吧等场所，出席小范围的企业情报的沙龙。

时隔一年，"2009 中国竞争情报国际年会"又在上海举办，美方代表每人自付了几千美元的会议费，从万里之遥的美国来到上海出席会议，进行企业情报的演说。在会议的最后一晚，美方代表还邀请全体与会人员共进鸡尾酒会。据主办方介绍，他们举办鸡尾酒会的目的，就是想通过轻松活泼的就餐形式，加强和与会企业代表的沟通与联络，促进在企业情报方面的合作，进一步开拓交友渠道、增加交友空间。从而为进一步获取企业情报信息，进入中国企业情报的市场创造条件。

评析：

1. 在寻找朋友的时候，要有一定的目的

中国的企业情报工作尚属刚刚起步，美国同行们当然知道，这是一块空白的处女地，有着巨大的发展空间和利润空间。他们如若要想在这里分到一杯羹，占领一块市场，就必须要有熟悉中国企业情报状况的朋友做引进，这样就可以少走很多弯路，以尽快达到他们的目的，并可以减少成本的支出。他们选择了付费来上海讲课的形式，应该说，就是为了达到寻找同行与朋友的目的，以尽快拓展中国市场。

2. 在寻找朋友的时候，要有合适的场合

这些美国同行很聪明，他们选择的场合，是中国企业竞争情报的年会。一般来说，在这个年会上，有来自各个企业、各个层次的不同的企业情报的爱好者和从业者，如果他们锲而不舍，肯定能获益匪浅。因为，在这个地方，他们既能找到理想中的"爱人"，也应该能找到心中的"线人"和可爱的"情人"。

3. 在寻找朋友的时候，要有一定的投入

为做好企业情报工作，在合适的场合，结交朋友，寻找"爱人"、"线人"、"情人"，需要一定的费用投入，这是做好人际网络的前提，是做好企业情报的基础工作。这些美国同行来自美国中央情报局等正规情报单位，所以，他们深深懂得情报工作的真谛：今天的投入，是为了得到明天更多的产出。

4. 在总结工作的时候，要有长期的打算

寻找朋友，构建企业情报的人际关系网络，是一项基础工作。既然是基础工作，就要有长期经营的打算，这是一；其次，企业情报工作是一项很敏感的、高难度的、不是随便什么人都能胜任的工作。你的朋友以及你自己所设想的情报渠道，届时不一定能够如你所愿，但不要灰心，要做好"广种薄收"的思想准备。

这些美国同行之所以一而再再而三地反复来华，因为他们深深懂得：今天与他们交换的几十张名片，到明天很可能就是废纸一张；既然准备在中国的企业情报领域内淘金，就必然要有长期交友的计划和行动。

第二节　人际网络的人员管理

建立一个符合客观规律的、适应市场经济发展的、能够运转自如的、为企业情报服务的人际网络情报圈，需要投入很多的时间、精力和财力。对纳入人际网络情报圈的人员，要经过物色、联络、沟通、运用等多个环节，也就是发展"新情人"、保护"小情人"、巩固"老情人"、提防"知情人"等。

一、发展"新情人"——物色人员

沸腾的市场经济，推动着长三角、珠三角、渤海湾等经济发达地区，在人流、物流、信息流等方面日益向前滚动。你今天物色好的人际网络情报圈的朋友，很可能明天就因为跳槽、下岗等原因而变换工作，离开了你的视线，使你失去了一个重要的"情人"。所以，在物色与构建人际网络情报圈的时候，要注意不断的发现与挖掘新的朋友，以达到人际网络情报圈的新老交替、更新和替补，以适应企业情报工作的要求。同时，又要围绕同一目标对象，不断地要有新的知情者向你提供有针对性的重复的情报信息，以加强情报的甄别。

二、保护"小情人"——加温感情

当这位朋友刚刚纳入你的人际网络圈的时候，你们互相之间开始还不是很了解，要注意互相之间的感情沟通与联络，以感情的延续来保证情报搜集工作的可持续发展。同时要对新朋友注意做好两个方面的保护工作：一是搜集方法上的保护，要对他讲清楚，要用谋略来获取情报；二是搜集原则上的保护，要对他讲清楚，必须始终在法律许可的范围内进行活动。

三、巩固"老情人"——协调工作

对一个已经长期纳入你的人际网络情报圈的朋友，在他利用人际网络搜集情报的时候，你一定要注意，对他的运用、联络、掩护、指挥的方式方法要做到合理、隐蔽与恰当。企业情报不同于国家安全情报，你要学会运用谋略与智慧，让你的"情人"，自我释放他所知道的一切，这才是运用人际网络开展情报活动的高手。

四、提防"知情人"——防止泄密

提防知情人。主要是指在情报活动的过程中，要注意加强防护和保护，防止自身机密被窃，防止伤害自己。对掌握了解企业机密的人员，不管是企业内部的，还是企业的关系户，都要做好企业机密的保护工作。作为一个合格的企业情报人员，应该十分明了，情报与反情报永远是相互依存，不可分割的。你在与"人际网络情报圈"的朋友沟通聊天的时候，切忌把自己的企业秘密作为聊天谈话的内容，更不能把自己的工作作为聊天炫耀的话题。

第三节 人际网络的内外建设

通过人际关系的网络来搜集目标对象的情报，已经被企业界、学术界所共同认识。能够让企业高层高度关注并倍感兴趣的情报信息,也是通过人际网络搜集得来的,那些具有时效性、针对性、准确性的情报信息。

有些大型企业集团情报部门的负责人坦言:"通过人际网络搜集目标对象的情报信息,确实是一个好办法。实际上日本的企业界、欧美的企业界,早已经在通过人际网络搜集竞争对手的情报,我们为什么要自己绑住手脚,如履薄冰呢?既然人家能做,我们为什么就不能做呢?"这个看法不仅正确,而且很迫切。我们的企业早就该如此运作了。但是,在具体操作的时候,还应该注意掌握好两点:一是要注意职业道德,二是要注意法律界限。

要做好企业情报工作,通过人际网络来搜集目标对象的情报信息,必须要组建好企业的内部和外界两个人际网络的情报圈。这里所讲的人际情报网络圈的人员是指:经过调查核实,初步接触了解,有过实践证明,确实能够在不同程度上和不同范围内,协助你完成情报信息搜集的人员。

一、企业内部的人际网络情报圈

企业的全体员工,上至董事长、总经理,下至一般的工作人员,在他们的中间都蕴藏着不同程度的情报搜集能量,不可小视。特别是大型企业集团,员工众多,涉及面广,他们的朋友、亲戚、社会关系的触角,都可能会涉及目标对象、竞争对手的相关人员,千万不可忽视或低估。企业的情报部门一定要在调查摸底的基础上,对员工中间掌握的人际网络做一番梳理、排队与登记,以便到时即可运用这些关系去开展工作。

内部人际网络情报圈的特点是:安全、准确、及时、经济。

1. 充分利用高管们掌握的情报信息。

从某种意义上来讲，企业的董事会成员、高级管理人员、科技人员，由于他们的特殊身份和工作环境，他们所得到的各类情报信息往往是最快、最多和最可靠的，情报部门要充分利用和把握好这个渠道。正因为他们的身份比较特殊，所以，企业情报部门在利用这条信息渠道的时候，要注意把握好三个要点：

（1）他们获取的情报级别较高。由于他们的身份和地位与众不同，所以，在他们的人际网络的主要交流圈内，基本上是"谈笑皆鸿儒，来往无白丁"，结交的人员，层次都是比较高的。这种高级别的人际网络，决定了他们能够获取到手的一般都是"深层次的情报"。情报部门不仅要充分利用，而且要设法让这一"渠道"尽量畅通。为保证渠道的畅通，情报部门一定要做好他们的工作，使他们认识到，这样做不仅企业有好处，对自己也无害，要从根本上调动他们的积极性。

（2）他们获取情报的意识较差。这些企业高管，平时工作比较忙；而且在市场经济的激烈竞争下，他们的工作压力也相对比较大。加之他们的情报观念也比较淡薄，且缺少方法。情报部门要设法增强他们的情报意识，提高他们情报搜集的能力与技巧。

（3）注意做好情报反馈的形式。对待一般员工，企业情报部门可以用规章制度来进行约束，让员工自觉填写搜集得来的情报信息。对待企业的高管层，却不能照搬同一模式。建议情报部门可以根据各自不同的"企业文化"与习惯的"办事模式"来做。在一般的情况下，情报部门可以与高管层的秘书协商，请高管们把外出得到的情报信息交由秘书撰写；或者是由秘书安排，让情报部门对高管层进行专题访谈等多种形式……

2. 充分利用白领们掌握的情报信息

本书所说的白领就是指在企业各个职能部门任职的人员。譬如：

企业的营销部门、财务部门、研发部门、采购部门、人事部门等。这部分白领的特点是：既没有类似企业高管层那样在经营方面的管理压力，也没有像企业一线操作员工那样八小时满负荷的时间压力；他们有着比较充裕的时间和精力，受过高等教育，智商相对较高，工作时间又相对比较灵活，经常有外出开会培训的机会，与外界的同行接触较多，信息量广。

企业情报部门要根据他们的这些特点，制定有效的方法，为他们创造一定的有利条件，充分调动他们在情报搜集方面的积极性和主动性。还可根据白领们的这些特点，采取不同的搜集情报信息的手法，进行一定的培训。这样，他们完全有可能在情报搜集方面走在企业的前列。他们在情报工作方面的主要特点是：

（1）他们的搜集方法，采取谋略型的较多。白领们都是知识分子，文化程度较高，在一般情况下，他们习惯用含蓄的、拐弯抹角的语言来表达自己的意思。所以，他们的个性特征，决定了他们偏爱用谋略的方法去获取情报信息。

（2）他们搜集的情报信息，准确性较强。企业的部室人员，都是独当一面的好手，他们对自己承担的业务相当熟悉。如果他们搜集与自己对口的情报，在一般情况下，情报的可靠性、真实性、准确性都比较大。

（3）注意防止无意的泄密。企业的部室人员，分散在研发、人力资源、产品营销、原料采购等重要部门，这些部门大都涉及企业的机密和企业的核心竞争力，他们大都掌握着企业的一部分机密材料或者机密数据。情报部门要谆谆告诫他们，在外出办事的时候，切忌在无意中泄密，或者被对方的谋略所诱惑。

3. 充分利用员工们掌握的社会信息

企业员工居住在城市的各个位置，他们的亲戚朋友分布在城市的各个层面,他们的人际关系涉及社会的各个领域。他们在与社会上人际交往的过程中,就非常有可能会发现一些与本企业至关重要的信息。只要企业情报部门加以重视,适当指点,企业内部的员工也就能够成为情报部门的重要渠道。从而,使企业情报信息的时效性和广泛性得到了提高和丰富。有时,他们掌握的社会信息的范围之广与程度之深,可能会超过企业情报部门的专职工作人员。

一般情况下,企业员工在搜集情报的过程中,会有以下特点:

(1) 重视工作环境,忽略经济报酬。企业的员工与部室人员的不同之处在于他们会更多的从个人利益考虑,希望有一个和谐与稳定的工作环境,对以情报换货币的交易看的不是很重,而更在乎的是他们的"自身价值"。有家位于渤海湾的上市公司的员工,在一次企业情报的内部培训班上就明确表示:如果他搞到了一份有价值的情报,帮助企业赢得了利润,赢得了市场,他首先考虑的并不是能拿到多少奖金,而是希望能与企业老总或者分管老总一起合影留念。他会把照片拿回去给家人看看,以表示他在企业里的工作很出色,让家人也共同分享他的愉悦。

(2) 性格豪放不羁,方法稍逊一筹。企业的员工,不管是合资企业、国有企业或者是独资企业,在情报的搜集上,都有一种相似的工作风格。只要他们认为领导是重视和信任自己的,他们就会想尽办法去完成任务、去搜集领导所需要的情报信息。而且,在一般情况下,他们都是到自己的"哥们儿"或者"朋友"那里,去寻找对本企业有用的情报信息;有的还会相当坦率地把目的与用意告知对方,对自己内心的意图不加任何修饰。员工们此类简单的做法,很容易暴露自己的目的,且容易触犯法律。所以,企业情报部门在发动员工去搜集情报的时候,事先要进行一定的教育培训,以达到事半功倍的目的。

二、企业外部的人际网络情报圈

企业情报部门应根据需要，有意识、有目的地去构建一个强大的、铺盖面很广的企业外部的人际网络情报圈，以搜集与挖掘企业外部的、各类有用的情报信息。

1. 有关政府部门的政策性情报信息。与企业有关的、政府部门的工商、税务、海关、行业协会、上级主管部门等，这些都是制定或者执行政策的部门，这些部门有关信息的早到或迟到，会给企业带来截然不同的经济利益。有些政策信息的发布，经常会有一段时间差，企业情报部门要利用人际网络，去抓住这瞬间即逝的时间差，及时获取这珍贵的信息、闻风而动，就会给企业带来极大的经济效益。

> **案例**
>
> **温州商人抢先一步登陆海南岛投资房地产**
>
> 2009年12月31日，国务院办公厅发布了《国务院关于推进海南国际旅游岛建设发展的若干意见》。
>
> 2010年1月6日，上海解放日报报业集团的"解放牛网"，刊登了题为《国务院批准海南试办大型国际赛事即开彩票，游客购物离岛退税政策正研究，海南试水博彩不同于澳门赌场》一文。文章称："除了旅游推动外，博彩还将推动海南的房产以及相关产业经济。而就在2009年年底，不少温州商人就抽身迪拜楼市，把资金转投海南房产，兴起一波热潮。"
>
> 不久，海南岛的楼市就出现一股涨潮，温州的房产商大为得利。媒体分析，这不会是偶然的巧合。温州商人他们善于千方百

> 计地打听各类商机信息，并迅速行动，这就是温州商人棋高一着的地方，这就是温州商人坐镇浙江，打拼欧洲，走遍天下的奥秘之一。

2. 有关竞争对手的情报信息。竞争对手不但是指现实的竞争对手，还有潜在的竞争对手，还有在生产替代品的对手，还包括一切与你的竞争对手有关联的企业与个人。要围绕上述对手，去构建一个能运转自如的人际网络。

3. 有关消费者的情报信息。这里是指"大客户消费"、"批发消费"、"零售消费"等各类消费者。企业可以通过"售后服务"这一类窗口，对消费者反映的各种信息统一搜集归口。因为，消费者会使用各种商品和产品，你就可以从消费者的反映中，了解到他们对你的竞争对手的产品的反映。

2007年，作者在某大型集团公司考察与调研该企业的情报工作中发现，企业内很多员工与中层干部都觉得情报工作很重要，但是又都认为无从入手。而该企业售后服务部的一位女经理，却做得不错。她要求下属员工要有目的、有选择地主动去与消费者联系，通过消费者去了解其他同类型产品的情况。她还利用自己掌握"理赔商品"分配的有利条件，与许多"有用"的消费者建立了联系。这位女经理通过售后服务的窗口，搜集同行业竞争对手的情报信息，取得了明显的效果，得到了企业领导的好评。

4. 有关供应商的情报信息。在市场竞争的格局中，供应商已经不是一个简单意义上的原材料或者半成品的供应者了，也不是简单意义上的讨价还价的对手了，更不是简单意义上的上游企业了。在很多情况下，供应商既可以将原材料或半成品供应给你，也可以供应给你的竞争对手。在此前提下，这些供应商与你竞争对手的关系，必然相当熟悉与了解。

你的竞争对手有可能会利用供应商来搜集你的情报信息。但是，只要你把供应商的工作做好，就能反过来为你所用，成为你对竞争对手开展情报搜集的有利渠道。同时，也极有可能，你的供应商就是你的竞争对手的子公司，他们利用紧缺商品的供应，与你们搞好关系，伺机搜集情报，这可千万要注意防范！对这类公司，有些企业的情报人员将其称之为是竞争对手的"配套公司"，描述地相当形象。

三、调整与完善人际网络情报圈

除了要建立对外、对内两个不同的人际网络情报圈之外，企业情报部门要按照情报工作的需要，将对内、对外两个"人际网络情报圈"根据情报业务的不同进行分类与完善。因为，大型企业集团，他们所需要的情报不但面多量广，而且从事情报工作的人员也多。在内外两个人际网络情报圈的人员中，既有重复搜集市场营销情报的，也有重复搜集从事科研开发情报的，还有重复搜集人力资源情报的，更有重复搜集政策性情报的，情报人员的搜集内容经常会出现重复，这是很正常的。

企业情报部门应根据具体情况加以调整，以便对信息搜集工作的统一管理，统一指挥与统一调度。但是，情报多了就可以作为互相印证的依据，以便于情报的甄别，有利于企业的决策。

第五章
企业情报的攻防目标

企业情报工作的实践证明:"模糊信息"既是目标企业的情报"产出重地";也是企业自身情报的"流失重地"(泄密)。因为,"小道消息"的传播都是靠人运作的。所以,要运用人际网络去做好企业情报的搜集与反搜集,"模糊信息"就是竞争双方的一个重要阵地、一个重要战场。

什么现象是企业情报部门、企业情报人员值得引起重视的？什么内容是企业情报部门在情报的搜集与反搜集中，也就是在情报的"攻""防"两个方面都必须高度关注的？作者认为，这种现象和内容是：在企业的竞争对手、目标对象内，那些未经大众媒体公开发表的、尚在研究酝酿之中的、也尚未采取保密措施的、介于企业的商业秘密和公开资料之间的那部分情报信息。

这部分情报信息是已经在目标企业的管理人员、涉及企业机密的人员及企业的紧密型关系户中传播的所谓的"小道消息"。这些小道消息产出的来源很模糊，传播时候的渠道也模糊，内容的真假在未经甄别前也很模糊，其经济价值在没有得到确认时也是一片模糊，而且其处所的法律位置也是模糊不清。作者之所以将其称之为"模糊信息"，是因为这是一个带有"通俗化"和"形象化"的提法，易于被广大读者理解。也有学者将其称之为"灰色信息"，也是不错的、也是比较形象的。期待学者们在今后的研究中，给出一个更规范化的学术名称。

这些"模糊信息"十分重要，必须引起企业情报部门的重视，并应通过各种渠道和方法去广泛的加以搜集。因为，掌握与传递"模糊信息"的人员，层次都比较高；对"模糊信息"的内容又了解得比较清楚；而且他们又大都是在第一时间予以传播和"自我释放"的。所以，"模糊信息"的特点是比较准确与及时。而且，因为"模糊信息"是这些人员的"自我释放"，从而也说明了搜集"模糊信息"是合法的，不会有窃取商业秘密之嫌。

第一节　信息来源的模糊性

在正常的情况下,模糊信息的来源总是出自于知情者的口中。但是,在众多的知情者中间,究竟哪里才是"模糊信息"的确切来源呢？在一般条件下,模糊信息的来源主要有以下几个方面：

一、来源于企业的高管层

1. 企业的高管层在对外介绍本企业经验的时候,将己方的秘密无意泄露。

2. 企业的高管层在一些他们自己认为的合适场合,将企业正在酝酿的、尚未实施的一些科研计划、投资项目、人事变动和一些正在研究的企业的重要机密,带上自己的观点,无意地自我释放出去。

3. 在这些高管层周围的秘书、驾驶员、机要人员等,他们在与高层的接触中,听到或看到的一些企业正在酝酿的和研发的属于企业机密的内容,他们会在自己以为比较放心的场合和朋友之间,去有意地炫耀,把一些关系企业的机密告诉对方,以显示自己的消息灵通及与高管层的亲密程度。这在一些个性特征偏好"自我表现者"的身上,这种情况有时会发挥得淋漓尽致。

但是,正因为这是正在酝酿的事情,没有最后决定。所以,他们散发出去的有关信息,也带有相当的不确定因素,他们是听到多少传播多少；同时,也因为这还是正在酝酿中间的事情,每个有关的高级管理人员,针对此事的看法会不尽相同,尚未最后统一。所以,这样的信息会同时散出去多种版本(每个版本里都或多或少带有散布者自己的观点,或者带有他所接近的那个高管的观点)。从而,导致原本正在计划中的项目成了"好事者"口中的模糊信息。

这三种信息交叉在一起,源头又确实是在高管层那里,但是传出来的内容又变成了多种版本,成了典型的真正的"模糊信息"。

二、来源于信息的接触者

由于部分企业的保密工作或者反情报工作较为薄弱,从而导致有些企业没有对外公布的、或者是正在试制的项目,被部分能够接触到此项目的操作工人、技术人员、主管等,在有意无意中向外泄露。由于这些泄露者了解机密的程度不同,所以泄露的真实性也不一样,从而形成了"拷贝走样"的信息,一桩原本真实的事件,也变成了确确实实的"模糊信息"。

三、来源于政策的知情者

在企业里,从文件、政策的制定,到项目的正式启动,往往会有一段时间差。在这段时间差里,有些还属于保密阶段,有些还没有向外公布,但是也总会有这样那样的个别知情者会对外散布。企业情报部门如果能在这段时间差内,从知情者方面率先得到竞争对手的这一信息,那是十分成功或有利的。

四、来源于主观的臆想者

这种来源从一开始就是虚假的,没有一点真实的成分。因为,这种信息来源都是一些事件的旁观者,而不是企业的负责人或当事人。这些虚假的信息,是旁观者根据自己的思维逻辑和主观臆想来猜测和杜撰的,很容易会使受众产生误解,以为旁观者的言论和推断就是今后某个事件或者某项政策的真实内容。企业情报部门要善于从这些虚假的、主观臆想的言论中,区别真伪虚假,防止上当。

一般说来,企业得到的"模糊信息",主要来源是以上四个方面,在每个方面又会产生出各种不同的情况、互相交叉与重叠,构成了信息来源的模糊性。

案例

中日否认鸠山首相访问南京的报道

2010年1月8日,上海《新闻晚报》在A22国际版,刊登了题为《称日媒报道没有事实根据 中日否认鸠山访问南京的报道》。

文章的主要内容是:日本《读卖新闻》1月6日报道称,首相鸠山由纪夫计划2010年6月出席上海世博会"日本日"期间,可能顺访南京的消息,日本政府7日予以否认。

文章称:"日本官房长官平野博文7日上午在记者招待会上表示,有关日本首相鸠山由纪夫可能在年中访问南京的报道'完全没有事实根据',并称'现阶段没有这一考虑'。日本外务省一位高级官员也表示,鸠山不会进行此类访问。这位不愿透露姓名的日本官员说:'这则消息只不过是那些希望和中国保持良好关系的人的猜想。'我国外交部发言人姜瑜7日在例行记者会上也指出:'据我了解,该报道没有根据。'"

评析:

日本外务省的官员明确表示:媒体的报道只是一种猜想。我外交部发言人也声称"该报道没有根据"。事实证明,这也确实只

> 是一种猜想。6月6日是上海世博会的"日本日",代表日本出席国家馆日的鸠山由纪夫先生的身份,已经从首相转变为前首相了,而且根本就没有顺访南京的计划。因为,在此之前因日本国内种种原因,他已经辞去了首相的职务。这个事实说明,很多模糊信息的来源,包括这些重要新闻的报道,只是一种猜想。

第二节 传播渠道的模糊性

企业对外信息的传播,会有很多渠道,作为情报人员,应该在长时间深入观察了解的基础上,对你的竞争对手、目标对象的传播习惯和传播方法,有一个充分的把握和清晰地了解,以便于搜集对方的模糊信息;同时,更应该对自己所在的企业,容易在那些渠道流失"模糊信息",流失"情报资料",要加紧防范堵漏,这样才利于做好企业情报攻防两个方面的工作。

一、公开的文字材料

在文字材料方面,有两种渠道都容易产生模糊信息。除了企业方面,还有与企业有合作关系的高校、科研院所。在他们的学术研究材料和刊物上,也会出现各种有价值的"模糊信息";还有企业的各种内部资料、技术报告、会议材料、商情动态、市场调查报告等方面,也是产出"模糊信息"的重地。宣纸的造纸技术、景德镇的瓷器技术、"两步发酵法"生产维生素C技术的泄密、大庆油田的过早暴露,这些经典的泄密案例,使我们国家蒙受了巨大的经济损失。

"两步发酵法"生产的维生素C,是国家重大科研发明成果。西方一些国家得悉我国某大学已取得成功后,纷纷前来购买这一专利产品。然而几天后,他们却又纷纷打道回府了,并且每人口袋里都揣上了这一专利产品的配方、剂量、制作工艺等全套技术资料。原来,校方办的一本杂志上发表了一篇科研论文,竟将这一专利产品的技术秘密全都泄露了。

在国际技术情报战中,围绕专利技术展开的窃密与反泄密的斗争相当激烈。然而我国的一些科研单位和科研人员,对于专利技术的保密工作并不那么重视。在书写科研论文时,为了使自己的科研论文详尽、可信,竟然将技术保密资料一览无余地全部写进论文。鉴此,有必要在科研人员中,进一步强化技术保密尤其是专利技术保密的意识,遵守有关专利技术的保密制度。

二、企业的关系户

企业的关系单位很多,特别是一些与企业有利益关系的政府有关部门和客户,如银行、税务、工商、海关、大客户、供应商等,他们与企业有紧密的关系。特别是其中的一些具体经办人员,经常与企业打交道,与企业对口部门上上下下的领导和员工,都有着良好的私人关系。企业对这些人员很少设防,他们了解不少企业的"模糊信息",他们之中谁都有可能在与外界的交谈中,会不自觉地、无意识地流露出他们掌握的企业的一些"模糊信息"。这里很可能就是一条泄露企业机密、然而谁都不会去注意的渠道。

案例

境外媒体预测我国GDP数据 为何会领先国家统计局

2009年8月4日,中国新闻网刊登了《国际先驱论坛报》的一篇文章,题为《中国或刮起大范围"保密风暴",新规严堵网络泄密》。

文章称:"7月16日,国家统计局新闻发言人李晓超颇有些尴尬。当他公布今年上半年国内生产总值(GDP)等数据时,一位路透社的记者站出来质疑说,已有媒体早先公布了这些经济数字,这是否违反了中国的相关保密法规?"

李晓超当时的答复是表示要追查,但至今并未见下文。事实上,近年来每当政府机构公布国民经济运行的数据前,总有一些境外媒体或境外研究机构能准确"预测"出来,有的数据甚至能精确到小数点后的几位。

这一现象颇让人感到惊诧,因为经济数据提前透露的危害是显而易见的。很多数据不仅关系到国家经济的宏观走向,而且足以影响到金融市场的波动,比如人民币汇率变动、大型企业上市融资计划等,若被外界提前掌握,很可能导致一些投资机构从中投机套利。

对此现象,中央党校一位学者在接受采访时,视之为难以避免的"行业潜规则"。这位学者说,各家银行和研究机构跟国家相关部门、研究所相当熟悉,都是一个圈子内的人,又经常在一起讨论经济问题,后者有意无意透露了一些经济数据,这不属于什么新鲜事了。

评析:

如果此报道属实的话,可以说,这是一个相当触目惊心的事实。按照文中最后一段中央党校那位学者的观点,好像这种关系户、知情者、协作单位互相之间无意泄密的"行业潜规则",似乎已经成了无法克服的顽症。俗话说,"亡羊补牢,犹未晚也",只要措施得当,能落地操作,这条传播"模糊信息"的渠道完全应该能够堵住;如果听之任之,那岂不是我们国家无经济秘密可言了?

同上述情况一样,任何企业都有自己的合作单位,都不可避免地要与各种关系户发生业务上的联系,在联系中也会或多或少地流露出一些企业机密。如果真有商业秘密是通过这条渠道泄露到竞争对手那里,要严加追查的话,可能很难一查到底。因为你根本无法搞清楚,这条信息到底是哪个关系户泄漏的?

这些关系户没有为企业保守商业秘密的义务,所以在与这些紧密型的协作单位进行业务联合时,千万不要泄露自身的商业机密,如果一旦被他们"随意"地告知他人,企业的这条商业秘密就没有任何经济价值了。

三、能接触与了解企业机密的相关人员

企业如果不重视保密制度的制定与落实,那么企业的许多人员、特别是能够接触与了解机密的,都有可能成为泄密者,或是"模糊信息"的传播者。

这里既有企业的领导,也有企业的有关员工,还有企业的各类关系户,只要与企业有点关系的人员,而且患有传播"小道消息"习惯的爱好者,都有可能成为"模糊信息"传播者。情报部门要对全体员工加强保密教育,建立保密制度,落实保密措施。企业情报部门如果对上述情况掉以轻心,不采取措施加以防范的话,很有可能会给企业带来极大的风

险,甚至形成危机的来临。

第三节 内容真假的模糊性

事实上,模糊信息只是竞争对手、目标企业,或者是他们的合作伙伴中部分有关人员的随口传说的信息。其内容的真假究竟如何?也是一片模糊。这要靠企业情报部门的工作人员,去设法甄别该信息的真伪,以剥离信息的模糊性,还原情报的真实性。

第四节 法律地位的模糊性

如果在模糊信息里连带有竞争对手的"商业秘密"一起释放出来,是否有"疑似"窃取"商业秘密"之嫌呢?回答是否定的。

首先,模糊信息只是竞争对手、目标对象内的知情者的一种心理宣泄的"自我释放"。这种释放,让情报的搜集者认为:这是一种喝茶品茗的"聊天内容";让情报的搜集者认为:这是一种很有韵味的、余音绕梁的"小道消息"。出你口,入我耳,双方都不知其真假如何?何谓窃密呢?

其次,在模糊信息没有得到核实之前,既不是竞争对手、目标企业的商业秘密,也不是竞争对手或者目标企业的公开信息,谁都不知该这些"模糊信息"的经济价值究竟如何。

但是,当你感觉到这条"模糊信息"很有进一步开掘价值的时候,千万不要急于向信息的抛出者暗送秋波,并进一步采取某些不合法的行动,否则侵犯"商业秘密"的罪名将会陪伴着你走上法院的被告席。

这时候的你,应该缓缓地坐下来,陪伴着这位"自我释放"的朋友,听他慢慢讲述这个"美好的故事",最好能让他把这个故事的"昨天、今天与明天"明明白白地讲述清楚。听者应以似懂非懂的状态、恭敬请教的口吻,时不时地插上一两句不露痕迹的关键词,以求理顺与把握这条"模糊信息"来龙去脉的全过程。这时候的你,不用急于请客,因为,你与他可能只是萍水相逢,这位正在倾诉的朋友,既不是你的"爱人",也不是你的"线人",更不是你的"情人",一切要见机行事。因为,企业情报的运作是要有成本核算的。

案例

2010年"中央一号文件"悄然在网上先行流传

银河证券网在2010年1月27日11:03分发布了一条即时新闻,题为《今日农业板块表现强势》。文章称:"今日农业板块表现强势,三家种业上市公司涨幅超5%。据报道,一份所谓的2010年'中央一号文件'全文稿悄悄在网上流传,文中提到了关于促进种业发展的种种相关政策。此消息或是早盘农业股整体上涨的原因。"

2010年2月1日《人民网》转载了《中国新闻网》当天上午8:25分发表的文章,标题为《2010年"中央一号文件"播发 三农仍是关注焦点》。文章的主要内容是:"在农业板块中,建议重点关注种业中的登海种业、丰乐种业、敦煌种业、隆平高科,水产养殖业中的獐子岛、好当家、东方海洋,生猪养殖业中的罗牛山……"

评析:

银河证券网刊登了网上公开流传的、所谓2010年"中央一号文件"内容的消息,并同时披露了当日农业板块上涨主要得益于这一消息。这在当时,谁也不敢轻易相信这一消息的真实性。然而,紧接着2月1日的媒体公开报道证实了这一消息的确实性。

> 这是一个相当典型的有关"模糊信息"的"法律地位"模糊性的案例。因为,银河证券网刊登的是一个已经在网上公开流传的信息,无所谓窃密;而且,这流传的"一号文件"是真是假,谁也不清楚。一直到4天之后,中国新闻网正式发布了消息,网民才真正知道,这条消息原来是真的,而且有很大的经济价值,如果4天之前也跟进买入农业、种业方面的股票,就会获利颇丰。

第五节　经济价值的模糊性

企业情报部门通过搜集"模糊信息",从而获得经济效益,在一般情况下,会有三种不同的结果:

一、获取"商业秘密",价值不菲

经过甄别后的"模糊信息",如果是有价值的,一般会有两种不同的价值体现。一是很有可能已经获得目标对象、竞争对手在经营过程中无意识的、"自我释放"的、等同于"商业机密"的、相当有价值的情报。"管中窥豹,略见一斑",企业情报部门通过这条信息的搜集,就掌握了对手泄密的主要通道,知道了他的软肋所在,就知道了今后情报搜集的突破口。

二是获得了一份属于普通的情报,价值一般。但是,这样的搜集就是为你积累了经验,只要照此努力,一定会获得成功。

> **案例**

传皖江城市带规划将获批 王亚伟提前布局

昨日,安徽板块芜湖港、全柴动力、安徽合力等个股涨停。同时,前期调整较深的江淮汽车也大涨5.57%。

中信建投策略分析师安尉向《每日经济新闻》记者表示,安徽板块个股昨日的异动与皖江城市带承接产业转移示范区规划(以下简称皖江城市带规划)已上报中央,并于近日获批的传闻有关。此外今年王亚伟的"新宠"山鹰纸业也位于该城市带区域内,他赌的是否是安徽板块?

据悉,皖江城市带的区域规划,将承接沿海地区产业转移,并将以装备制造业、轻纺产业、高技术产业、现代农业和现代服务业四大产业作为承接产业转移的重点,安徽将承接长三角转移示范区包括芜(湖)马(鞍山)巢(湖)、合肥产业集聚区和安庆产业集聚区三大区域。同时还规划了布局发展八大行业,有装备制造、汽车、家电、高技术产业、冶金、建材、化工、机械。

安尉表示,据了解上述八大行业的规划中,每个产业销售收入将超过千亿元,但现在还无法评估这个饼究竟有多大,以及对上市公司的影响,但从安徽板块个股昨日的表现看,一旦该规划获批,相关个股还是有一定的机会。

据上交所公开信息显示,昨日芜湖港前五位买入和卖出席位的资金呈现净流入,买入席位中,有三家是机构席位,其中一家机构买入3290.37万元位列第一,其余两家机构买入1559.69万元和1320.74万元。

值得一提的是,今年王亚伟的"新宠"——山鹰纸业位于安徽省马鞍山市,在皖江城市带区域内。

上周,山鹰纸业的一纸公告曝光了王亚伟掌舵的华夏大盘、华夏策略两只基金已在去年四季度潜入山鹰纸业前十大股东名单,累计买入615万股。王亚伟的市场号召力毋庸置疑,他看好的个股早已成为市场炒作的主题概念,山鹰纸业也不例外,被曝光后股价当日强势涨停,资金也跟风大量涌入。

或许市场此前仍不明白山鹰纸业究竟是什么题材?王亚伟押注区域概念是有先例的,在去年一季度,华夏大盘潜入海南高速,时隔近一年后,《国务院关于推进海南国际旅游岛建设发展的若干意见》于日前公布,市场恍然大悟王亚伟豪赌的原来是"海南国际旅游岛"概念。此次王亚伟潜入山鹰纸业,赌的是否是安徽板块仍值得期待?

——摘自2010年1月13日《每日经济新闻》

评析:

我们以王亚伟为例,来看一下"模糊信息"一旦被证实之后的经济价值:

1. 王亚伟的华夏大盘是2009年1月份潜入海南高速的,2008年12月底的时候,海南高速的价格为2.43元;2009年底为5.43元,如果将海南岛宣布开发成国际旅游岛的以后几天加上去,海南高速的价格在1月13日的收盘价是6.66元。读者请看,模糊信息一旦被证实之后,其经济价值就是如此的诱人。

2. 现在王亚伟又押上了安徽板块,如果一旦传闻被证实,王亚伟又将获利匪浅。

3. 作者相信,隶属于王亚伟先生的公司,应该有一个运转自如的企业情报部门,他们利用各种恰当的时机,去搜集对公司能够增加利润的各类模糊信息。

二、注意"空穴来风",竹篮打水

在模糊信息的传播中,也有可能整个事件的全过程都是传闻爱好者、或者是小道消息的业余爱好者,在"以讹传讹"、"拷贝走样",这些纯粹是空穴来风,情报部门花了不少的时间和精力,极有可能是一无所获。

三、警惕"故弄玄虚",全盘皆输

值得企业情报部门警惕的是,在这些"模糊信息"的内容里,很有可能是你的竞争对手的精心布局。他们故弄玄虚、迷惑对手,以达到让竞争对手"引君入瓮"的目的。从而使竞争对手的企业陷入风险、走向危机。这在军事情报学中是"兵不厌诈"的一种思维方式和操作手段。对此,企业情报部门要善于提防它,识别它。

所以,从某种意义上讲,为防范风险,我们要重视与防止模糊信息的对外泄露,这是企业情报部门的积极防御;同时,为赢得市场,我们也必须积极主动的开展对目标对象模糊信息的搜集,这是为避免风险、争取市场、赢得利润的主动进攻。

搜集模糊信息不是目的,而是对搜集情报信息的补充,也是情报搜集的第一步。企业情报部门要对搜集而来的模糊信息进行分辨筛选,复线核查。对同一个问题,用不同渠道、派不同人员进行核实,以印证情报的真实性和价值性。

综上所述,模糊信息是由内容、范围、产生、传播、价值等基本要素构成的,而这些基本要素在尚未证实的情况下,都会呈现出相当模糊的状态。

正因为模糊信息的构成要素都相当模糊,所以,需要企业情报部门投入大量的时间与精力,对模糊信息进行搜集、整理、归纳、分析和甄别。企业情报人员,必须具有过硬的业务能力,敏锐的洞察能力,认真的分析能力,才能将模糊信息中有价值的情报信息剥离出来,成为供企业领导决策的依据。

第六章
公开信息的收集

　　本书所讲的企业情报中公开信息的收集，首先是指：在传统媒体与新媒体上公开发表的与目标对象有关的文字、图像等资料；其次是指在各类展销会、订货会、学术研讨会等公开会议上散发的各类宣传资料；再次是指各级政府部门公开的有关信息资料等。这些公开的信息与资料的特征是：是经过他人加工的、现成的、只要经过简单的摘录或程序，即可收集到手的；这些公开的信息与资料均是呈静态形式来体现的。在学术界，一般将其称为"传统情报"。

第一节 收集公开信息的基本要求

从企业情报的角度来说,公开信息即"传统情报"的作用,在开始阶段,只能起到"参考消息"的价值。只有在公开信息的基础上,融入情报人员的智慧与谋略,对有进一步追踪价值的公开信息加以开掘、核实与甄别,并在此基础上,上升到情报的高度,才是企业经营管理者的决策依据。

传统情报的收集是简单易行的,作者将这种收集静态资料的方式表述为"静态收集",将这类情报称之为"静态情报"。静态情报是企业情报中的一个组成部分。我们在充分认识其价值的同时,也要注重在其获取过程中的方式方法和基本要求。以便在公开信息中尽可能多地获得有价值的情报,这是每一个企业情报人员最为基础与基本的能力。

一、资料收集与阅读能力

作为一名企业情报人员,最基本的业务素质就是要有收集资料和阅读资料的能力。这种能力不是要求你去博览群书,而是要有针对性地搜寻阅览。所以,通过何种渠道,做怎样的阅览,对情报人员来说是基础课程。

1. 公开信息的收集

(1) 报刊等资料的收集。报刊资料主要指的是：公开发行的、与企业业务有关的中外文报刊、杂志、官方的统计资料、行业协会的报告、企业的工商登记注册资料，以及上市公司的年报等。报刊作为一种纸质媒体，阅读较为方便，报道较为及时，内容较为准确，且经过初步的编辑和整理，较为容易查找和辨认。

(2) 数据库的检索与搜索软件的运用。日益发达的互联网为我们的信息收集带来了十分便利的条件，企业可以通过专用的搜索平台，去收集自己所需的信息。互联网的兴起和发展为我们的企业情报工作既提供了平台又增加了难度。因为，互联网上的真真假假，着实让人眼花缭乱。

对于网络资料的收集，主要视角应放在对与企业业务有关的收费网站和公开网站的范围内。避免一些与主题无关的内容，以便将目标集中，节省时间。如果为了加速检索速度，还可以考虑借助专业公司的"搜索软件"，这样便于从海量的互联网信息里迅速集中本企业所需要的信息。

(3) 市场调查与展会调查。这是对现场参观访问、调查、询问、收集实物样品等的总称。企业情报部门要有选择、有重点地参加一些展销会、展览会、订货会、学术交流会等，有目的地收集目标企业的产品目录、技术资料、产品性能、价格参考、顾客指南、产品宣传手册、技术人员、营销人员的通讯录等。企业情报部门，应安排长期坐在电脑前搜索资料的员工，去展销会的第一线，直接同竞争对手的员工去打交道，去尝试最简单的动态情报信息的搜集，力争把电脑资料与实地观察相结合，以提高情报部门内从事公开资料检索人员的实战能力，做到"静"与"动"的结合，使他们更有针对性地去检索各类公开资料。

二、资料编报能力

对公开的信息资料进行整理编报,这是对信息资料的一个再加工的过程,也是提升信息价值的一个重要环节。那么如何才能做好信息资料的编报呢?

1. 每天的要闻编报。企业情报部门内公开信息的收集人员,应根据企业领导或企业情报中心的要求,要有针对性地从传统媒体(报刊)与新媒体(互联网)上去收集相关资料。并根据领导的要求,将其整理成文,供相关部门与人员参考。这类整理的资料,一般没有密级。在整理改编时,应注意不能改变原文的意思,也不能加上自己的观点。

2. 收费网站的信息编报。相对免费网站来讲,收费网站上所载的资料对企业来说,可用性相对较大。也有一定的密集程度。但是,作者建议,对收费网站的资料也只能是作为参考而已。这类资料在编写上报的时候,要注明材料的出处及日期,以供领导层参考。

3. 不定期的综合编报。检索资料的工作人员在公开信息与市场调查二者相结合的基础上,还应该在外出参加市场调查后,写出既有实际内容,又有资料辅助的、内外相结合的综合性的报告,供决策层参考。这种不定期的综合编报,所体现的情报信息的内容也会更加全面,更有参考价值。

三、对公开信息工作人员的要求

目前,企业情报工作面临最薄弱的环节之一,就是专业人员的匮乏。很多的企业虽已认识到情报工作对企业竞争力的重要性,但是在人才的选用上仍然存在很大误区。多数企业只是在信息部门或管理部门的人员中安排与寻找兼职人员,如此做法,虽可以节约人员,但却不利于情报工作的开展。因为情报工作需一定的专业训练和专门要求。

1. **有较高的文化素质**。企业情报人员首先应该具有较高的文化程度,一定的档案管理知识,有较好的电脑操作技能、良好的外语水平和较好的写作技巧。

2. **有熟练的业务要求**。资料收集人员在业务操作上应心细如发,既要注意发现竞争对手在公开信息中不经意间流露的有价值的报道,也要防止本公司的重要资料从公开渠道被截取。如上海某外资企业,无意间在本公司的网站上流露出本公司一项重要的投资意向,等到发觉之后想收回时,已被竞争对手发现利用。

四、注意合法搜索

企业情报静态收集的过程中,要注意符合法律规定。不得侵犯国家秘密,商业秘密和公民的隐私权等。

第二节　收集目标企业的公开信息

"知己知彼,百战不殆",这是从古到今的一句名言。在激烈竞争的市场环境中,能否完善地收集目标企业的情报至关重要。企业的公开信息,有些是企业出于自身宣传的需要而有意公开的。但是有些公开的信息内容,只是站在企业自身的利益立场,可能会存在着一定的、有目的的诱导性。所以,对公开信息一定要进行甄别,要达到情报的基本特征,才能作为情报使用。

本节中介绍的目标企业公开信息的收集，主要是介绍企业在经营行为中因为行政登记、行政许可、行政处罚等事项，基于法律法规的规定而向政府机关提供的企业信息。由于涉及政府行为，这一部分的企业信息有较高的可靠性。因此，通过政府信息的公开来获取目标企业的相关信息，是企业情报公开资料搜集的一条有效途径。

一、政府信息的定义以及与企业情报的关系

《政府信息公开条例》通过立法的形式，确定了政府信息的定义，即"行政机关在履行职责过程中制作或者获取的，以一定形式记录、保存的信息。"条例进一步细分为政府主动公开信息、不公开信息和依申请公开信息等三种类型。

1. **政府主动公开的信息**。主要是指涉及公民、法人或其他组织切身利益的，需要社会公众广泛知晓或参与的，政府部门自身的机构设置、职能、办事程序等，以及其他的依照法律法规应当公开的信息。这些公开信息，普通公民都可以上网查询到。

2. **不公开信息**。主要是指涉及国家秘密、商业秘密和个人隐私的政府信息。其中涉及国家秘密的信息受到《保密法》的规定，绝对不能公开。涉及商业秘密、个人隐私的属于相对不公开。权利人同意公开的或者政府部门认为不公开可能造成对公共利益损害的，则可以公开。

3. **依申请公开信息**。政府未主动公开的信息，而又不属于不得公开的信息的，可归类于"依申请公开"的信息。根据规定，依申请公开的前提是公民、法人或者其他组织。他们可以根据自身生产、生活、科研等特殊需要，向相关政府部门申请公开某些信息。申请人应当向相关政府部门提交申请资料，包括申请人姓名或名称、联系方式，申请公

开信息的内容描述、申请公开信息的形式要求等。相关政府部门进行审核后,对于该类信息属于政府主动公开信息范围的,告知查询方式和途径;不属于公开信息范围的,告知理由;不属于本政府部门的信息的或信息不存在的,也要告知申请人;若该政府部门知道该类信息属于哪个政府部门的,也应当明确告知。企业情报部门可以委托律师等多种途径,去申请政府部门公开信息的查询。

二、企业工商档案的调取

1. **工商档案中的内档与外档**。企业的工商档案可分为两种:机读档案(以下简称"外档")和书式档案(以下简称"内档")。外档的内容有:企业名称、企业地址、企业注册号、法定代表人、注册资本、经营范围、经营日期、登记/受理机关、股东姓名、出资额、年检状态等企业的基本信息。通过阅读外档,可以在大体上了解该企业的基本情况。

企业的内档中,除了包括外档内的基本信息外,还包括了企业章程在内的设立信息、变更信息、年检报告、行政处罚等企业的详细信息。通过阅读内档,可以详细了解目标企业到目前为止,在工商部门的所登记的一切信息;目标企业的股东、董事、监事的一些个人信息,往往也会在内档中留下一些痕迹;另外,年检报告中也会有会计事务所出具的年度审计报告,可以从中获得目标企业的财务信息。

2. **调取档案的方式方法**。企业的档案,存放在企业登记注册的工商行政管理部门内。所以,调取目标企业的档案资料,应当向该企业注册的工商行政管理部门进行调取。调取方式可分为实地调取和互联网调取这两种。

调取目标企业的内档,一般可以委托律师去办理。具体手续是:由律师向工商部门的办理窗口提交调查人员证、律所介绍信及调取内档的申请表格,有些地方还要求提交法院的立案证明。如果目标企业在外地,也可委托律师到外地去调取企业工商档案。律师一般会委托可以在全国范围内调取档案信息的专业调档公司,或者委托当地的律师调取。专业调档公司会通过稳定的渠道进行此事。譬如:他们会通过委托当地的律师,或其他特殊渠道调取你所需要的目标公司的档案。当然,需要注意专业调档公司调档的手段是否合法。

互联网的查询是指通过互联网调取企业的档案信息。调取人可以登录工商行政管理部门的网站,对目标企业的基本信息进行查询。工商行政管理部门的网站只提供目标企业的基本信息,如企业名称、地址、登记受理机关和企业目前的状态。

调取人也可以登录专门提供调档服务的相关网站,进行目标企业的档案信息查询。在付费成为网站会员后,调取人可以查询到企业登记设立后的详细档案信息。部分网站也会免费提供企业的基本档案信息。但是,互联网调取的信息一般无法加盖工商行政管理部门的印章。

三、企业其他信息的调取

在复杂多变的商业社会,为了维护交易的安全或者尽快回收货款,获取目标企业的资产情报也很重要。针对企业的资产登记情报的获取方式,可以通过政府有关部门,如:房地局、土地交易中心、国家知识产权网等进行查询。行业主管部门针对本行业所管辖的企业,出具的处罚决定,也可以通过某种方法进行查询。

四、目标企业中上市公司的公开信息

根据《公司法》、《证券法》、《上市公司信息披露管理办法》等法律法

规的相关规定,发行人、上市公司及其董事、监事、高级管理人员应当真实、准确、完整、及时地向所有投资者公开披露信息,不得有虚假记载、误导性陈述或者重大遗漏。因此,如果目标企业属于上市公司的,可以通过以下的介绍进行查询。

1. 上市公司高级管理人员信息披露的要求

姓名、国籍及境外居留权、性别、年龄、学历、职称、任职资格、主要业务经历、曾经担任的重要职务及任期、现任职务及任期,对核心技术人员还应披露其主要成果及获得的奖项。对于董事、监事,应披露其提名人,并披露上述人员的选聘情况。以及其对外投资信息、报酬信息、兼职信息,以及管理人员之间是否有近亲属关系、是否有重大诉讼、仲裁事项、涉及刑事诉讼等情况。

2. 上市公司信息披露媒体如下

报纸:《中国证券报》、《证券时报》、《上海证券报》、《金融时报》、《中国改革报》、《证券日报》等;

期刊:《证券市场周刊》等;

网站:可以在上交所和深交所的网站上通过输入股票代码进行查询。深圳证券交易所网站网址为:http://www.cninfo.com.cn,上海证券交易所网站网址为:http://www.sse.com.cn。

通过以上网站查询到的信息有:最新资料、公司概况、发行筹资、分红配股、高管人员基本情况、股本结构、十大股东、流通股东、财务指标、公告摘要、信息公告、定期报告、回访报告、公司章程、工作制度等。对于这些信息的更新,要时刻注意查询上市公司的其他披露文件。如:上市公司的年度报告、中期报告、季度报告、临时报告等,其中会涉及能对投资者产生影响的相关重要信息的披露。这些文件的披露一般都能在以上媒体上找到。

第三节　收集目标个人的公开信息

在日常的经济活动中,目标企业的股东等相关个人的资料,企业情报人员如何去合法地获取这些信息呢?这是企业情报工作人员必须认真面对的课题。

目标个人的基本信息包括姓名、曾用名、性别、配偶姓名、身份证号码、出生日期、民族、身高、籍贯、出生地、文化程度、所属派出所、家庭住址、与户主关系、服务处所、职业、迁来日期、何地迁来等涉及隐私的个人信息。

为保护个人隐私不受侵犯,人口信息管理机构对调查人口信息的主体进行了限制。私人不被允许调查人口信息。但申请人可以委托有调查资质的个人或机构,进行人口信息的调查。根据调查的方式不同,可以分为实地调查和互联网调查两种。

一、实地调查

企业情报部门可以委托个人或者机构对人口信息进行实地调查。

委托个人调查就是委托调查人员进行人口信息调查。为了保护个人隐私,人口信息管理机构不直接受理境内公民的私人查询。但公民因民事、行政、刑事案件或办理公证需要查询人口信息资料时,可以由公证部门、司法部门受理后,依法派员查询或由公民委托调查人员依法查询。

受委托的调查人员应当携带调查人员证、律所开具的介绍信等相关资料，到户籍管理部门办理人口信息调查登记手续，并填写申请表格，经民警查验后方可进行调查。委托机构的调查是指委托相关信息调查公司进行人口信息调查。信息调查公司可以通过委托各地调查人员，或其他调查手段，来调查和收集全国范围内的人口信息。在调查跨区、跨省的人口信息时，委托信息调查公司进行人口信息调查是一个十分便利的方法，但是应当注意信息调查公司是否具有合法的经营资质。

二、互联网调查

互联网调查则是通过互联网来获取人口信息的一种方式。调查人进行互联网调查时，必须掌握调查对象的姓名及身份证号，然后以核查身份证号码的方式来了解调查对象的其他信息。但相对于实地调查而言，互联网调查能获得的信息十分有限。调查人可以通过登录信息查询网站，对调查对象的人口信息进行付费查询。

除了上述信息外，人口信息的调查，也可以通过公安部门及银行机构内网中的百城联网常住人口信息系统进行查询获得。通过该系统，调查人能获得查询对象的身份证号码、出生年月、详细地址、辨认照片及家庭成员信息等，但该系统的使用人员有严格限制，只能由公安部门等获取特殊权限的内部人员登录使用。

第四节　违法收集信息的法律后果

作为企业的情报人员，在收集信息的过程中必须遵守法律法规的规定。在收集信息的过程中，涉及侵犯国家秘密、商业秘密、公民隐私权的,会追究情报人员的责任。另外,企业情报人员如果是基于职务行为收集信息的,有些法律责任可能会由企业一方承担。

	侵犯国家秘密的法律后果	侵犯商业秘密的法律后果	侵犯隐私权的法律后果
民事责任	无明文规定	经营者违反规定侵害商业秘密的,给被侵害的经营者造成损害的,应当承担损害赔偿责任,被侵害的经营者的损失难以计算的,赔偿额为侵权人在侵权期间因侵权所获得的利润;并应当承担被侵害的经营者因调查该经营者侵害其合法权益的不正当竞争行为所支付的合理费用。	侵害民事权益,应当承担侵权责任。承担侵权责任的方式主要有:停止侵害;排除妨碍;消除危险;返还财产;恢复原状;赔偿损失;赔礼道歉;消除影响、恢复名誉。
行政责任	泄露国家秘密,不够刑事处罚的,可以酌情给予行政处分。	违反规定侵犯商业秘密的,监督检查部门应当责令停止违法行为,可以根据情节处以一万元以上二十万元以下的罚款。	偷窥、偷拍、窃听、散布他人隐私的,处五日以下拘留或者五百元以下罚款;情节较重的,处五日以上十日以下拘留,可以并处五百元以下罚款。
刑事责任	(为境外窃取、刺探、收买、非法提供国家秘密、情报罪)为境外的机构、组织、人员窃取、刺探、收买、非法提供国家秘密或者情报的,处五年以上十年以下有期徒刑;情节特别严重的,处十年以上有期徒刑或者无期徒刑;情节较轻的,处五年以下有期徒刑、拘役、管制或者剥夺政治权利。 (非法获取国家秘密罪)非法持有国家绝密、机密文件、资料、物品罪)以窃取、刺探、	(侵犯商业秘密罪)有下列侵犯商业秘密行为之一,给商业秘密的权利人造成重大损失的,处三年以下有期徒刑或者拘役,并处或者单处罚金;造成特别严重后果的,处三年以上七年以下有期徒刑,并处罚金: (一)以盗窃、利诱、胁迫或者其他不正当手段获取权利人的商业秘密的;	(非法获取公民个人信息罪)窃取或者以其他方法非法获取公民个人信息,情节严重的,处三年以下有期徒刑或拘役,并处或者单处罚金。

续表

	侵犯国家秘密的法律后果	侵犯商业秘密的法律后果	侵犯隐私权的法律后果
刑事责任	收买方法，非法获取国家秘密的，处三年以下有期徒刑、拘役、管制或者剥夺政治权利；情节严重的，处三年以上七年以下有期徒刑。 非法持有属于国家绝密、机密的文件、资料或者其他物品，拒不说明来源与用途的，处三年以下有期徒刑、拘役或者管制。 （故意泄露国家秘密罪；过失泄露国家秘密罪）国家机关工作人员违反保守国家秘密法的规定，故意或者过失泄露国家秘密，情节严重的，处三年以下有期徒刑或者拘役；情节特别严重的，处三年以上七年以下有期徒刑。	（二）披露、使用或者允许他人使用以前项手段获取的权利人的商业秘密的； （三）违反约定或者违反权利人有关保守商业秘密的要求，披露、使用或者允许他人使用其所掌握的商业秘密的。 明知或者应知前款所列行为，获取、使用或者披露他人的商业秘密的，以侵犯商业秘密论。	

> **案例一**
>
> 西安重型机械研究所前高级工程师裴某在跳槽后，将原单位的近万张技术图纸剽窃到新的工作单位中冶连铸技术工程有限公司，给原单位造成了重大的经济损失。该案于2006年2月22日一审判决，陕西省高级人民法院对该案做出了终审裁定：裴某和中冶连铸公司共同赔偿经济损失1 782万元。跳槽工程师裴某获刑3年。此案被媒体称为国内赔偿额最大的"侵犯商业秘密第一案"。

对于商业秘密有关的侵权行为进行责任追究，有刑事责任，行政责任，民事责任三种。无论哪种责任的追究，搜集证据都是一个艰难的问题。而且，事后的救济措施是很难补偿所有损失的。因此，保护商业秘密的关键是事先采取保护措施,避免可能造成的损失。

作为企业情报人员,要防患于未然,要建立必要的规章制度,防止商业秘密外泄。同时,和职工签订保守秘密合同,也是不可缺的办法。要规定员工离职时应退还所有与公司相关的文件,建立一个泄露机密、责任追究的制度也是十分重要的。

> **案例二**
>
> 全国首例非法获取公民个人信息罪,于2010年1月在珠海香洲区法院作出判决。被告人周建平通过互联网收购公民个人信息,再向诈骗集团出售相关政府部门领导电话号码和通话清单,获利1.6万元,造成受害人被骗83万元。相关部门已受理此案。

> **案例三**
>
> 上海首例非法获取公民个人信息罪。被告人刘某从事"私家侦探"工作,2009年3月至6月间,刘某非法购买、出售公民个人信息40余条,获利4万余元,构成非法获取公民个人信息罪。

第五节 互联网时代的情报危机

互联网为静态信息的收集提供了极大的便利,我们必须要注意互联网信息的真伪,并对可能出现的情报危机采取必要的对应。

一、警惕互联网信息的颠倒是非、有意造假

企业情报人员对互联网上流传的各种情报信息,必须要有一双能

够区别真伪的慧眼,因为互联网信息的发布、传播,尚缺乏有效的法律约束和实务监管,许多互联网信息只是为博人眼球,或是为了恶作剧,更有甚者则是在故意颠倒是非混淆视听,这是互联网时代情报危机的第一个方面。对于涉及企业情报的互联网信息,一般只能作为参考,不能作为情报依据。

二、警惕负面信息的无情蔓延

当前,世界各国都在发展互联网。企业利用互联网发送信息,既十分便利,又充满忧虑。许多跨国企业,已经注意到互联网上各类流动的信息,会产生正负两方面的重大影响,他们已经开始重视并着手研究相应的对策,以保护企业的利益和影响。

通过互联网传播的各种信息,会被互联网和传统媒体反复转载、传送,某些被动的局面可能会一时难以控制。企业情报部门要认真对待、化害为利,让互联网成为推动企业前进的动力。如果掉以轻心,铺天盖地的反面文章会让企业无端遭受风险,这是互联网时代情报危机的第二个方面。企业情报部门要对此加强反情报的力度,防止竞争对手利用互联网故意作祟。

第七章
非公开信息的搜集

企业情报的搜集工作不同于企业流水线上机械般的操作；也不同于企业生产活动中的营销、采购、财务、研发等日常性的工作。企业情报的搜集工作每天面对着的是：不断变换的工作对象；不断变换的情报内容；不断变化的工作方式。古希腊哲学家赫拉克利特曾经说过这样一句著名的格言："人不可能两次踏进同一条河流。"这句格言对企业情报搜集工作中的不断变化的动态部分，是一种较为恰当的描述。

通过人际网络搜集情报，与通过传统媒体与新媒体去检索信息，是完全不同的两种工作方法和工作概念。在利用人际网络搜集情报信息的时候，你每次面对的对象都不会在同一的时间与空间里反复出现；其次，你每次的聊天内容，你每次获取情报信息的方式也不尽相同；再次，你每次要搜集的情报信息的内容也不一样。所以，通过人际网络从事企业情报的工作，无论是搜集还是反搜集，都是以动态的形式来体现的。作为一个合格的企业情报工作者，应该在空暇时间内多学一点哲

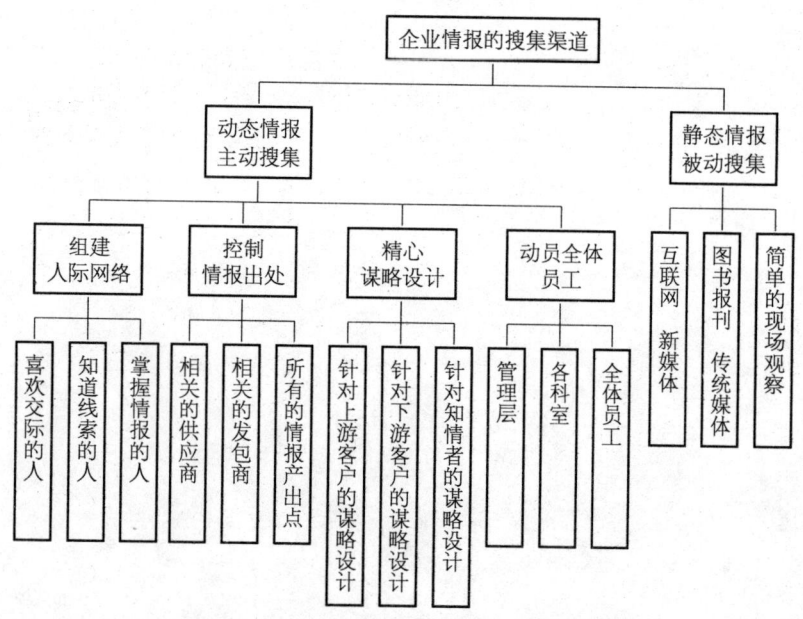

动态情报与静态情报的不同搜集方式与搜集内容

学方面的知识，把握好动与静的辩证关系，要学会在情报呈现运动状态的情形下，如何去进行有效的搜集。

打一个形象化的比方，一个称职的家庭主妇要想烹饪出家庭成员众口称赞的美味佳肴，就必须去采购尚在运动状态下的、活蹦乱跳的鱼虾；反之，这位主妇一旦购买的是呈静止状态下的死鱼死虾，其用途只能是回家喂养乌龟等宠物，二者的价值就完全不同。我们的企业情报工作者，也要学会去搜集在运动状态下的目标对象的情报信息。

要学会与掌握搜集在运动状态下的竞争对手的情报，就需要明白动态情报在产出与流通过程中的"三个平台"。才能使你决定在什么时候、什么环节、采取什么样的搜集方式与方法。无论后面几章讲到的用什么方法去搜集情报，都离不开"动态搜集"的范畴，也离不开这"三个平台"的范畴。要做好动态情报的搜集，必须要注意掌握三个要点。

第一：模糊信息的产出平台。即：要了解与掌握目标对象动态的情报信息出在什么地方。

第二：模糊信息的流通平台。要明了目标对象的情报信息在产出之后，一般在哪些特定的范围与特定的人员之内流通。

第三：模糊信息的配套平台。要知道任何企业情报部门并不是掌握了人际网络的操作、知晓了对手情报的产出与流通平台后，就有绝对把握能搜集到自己所需要的任何情报。有些自己办不到的事情，搜集不到的情报，还是需要通过第三方的协助和配套才能完成。

第一节　模糊信息的产出平台

模糊信息产出平台的特点是：

任何一家企业的情报信息，总是会有一定的产出点，而不是像《西游记》中的孙悟空那样,能够从石头缝里横空出世。如果具备搜集条件,能够直接到产出地点去搜集和获取情报,那是最准确、最理想,但这也是最难做到的。

因为,从产出点传播出来的情报信息,一般都是这一情报的直接策划者、直接发明者或者是直接制作者等人。所以,从产出地点获取情报的准确性与搜集过程的艰难性是成正比的。企业情报部门的工作人员,要努力去寻找你的对手在情报"产出平台"的泄露点,以期获得最大的成功。在一般的情况下,企业情报出现的泄漏点,通常有以下三条渠道:

一、企业领导的自我透露

2006年,作者在苏州讲课时,有一位是来自江苏某大型国有企业的情报主管,在课间休息与我聊天的时候,他感慨地说道:我们企业的有些秘密,倒不是一般员工泄露的,员工也不可能知道那么多事情。而是个别领导在与客户应酬期间,酒一喝,歌一唱,就开始说大话,把企业的一些商业秘密都炫耀出去了。这些都是我们情报部门无法控制的,也是我们最感到为难的,很多事情就是在"说者无意,听者有心"中泄密了。如果说,这种喝酒、唱歌的应酬方式,是我们的竞争对手事先设计好的话,那更是后患无穷了。

二、业务部门的无意泄密

企业里很多具体的业务部门,如研发部门、财务部门、采购部门等,掌握着很大一部分企业机密。在这些人员中间,有相当一部分人,性格比较内向,他们习惯埋头工作,不善于同社会、同他人打交道。其中的有些人偏爱到网上的专业论坛、专业的QQ群里去与同行一起探索业务上的心得体会。如果对手是有意而来,拟通过网上聊天来获取你掌握的机密,这些业务人员基本上是不设防的、很单纯的,很容易感觉到在网络上遇到了知音,结果被对手玩弄与股掌之中,稀里糊涂地上了当。

三、一线工人的炫耀露底

在一般的正常情况下,有些企业的新技术、新产品,会在尚未上市前,先在车间里进行批量的试生产,以确定新产品的质量或新技术的稳固程度。而我们生产第一线的工人,他们既是了解部分机密情报的人,也是知道线索的人。他们中有些人为了说明自己产品的先进,表明自己技术的高超,证明自己在企业受到领导的重视,炫耀自己知道很多企业的事情,会在一些社交场合毫无顾忌地把家底泄露出去。对这些工人要注意保密教育,有条件的话,把产品的试制分别进行,让每个操作工人只能知道自己这一段的试制过程,而无法了解与掌握全过程。

一般说来,在情报的产出平台就泄露机密的有这样三种情况。一是情报的掌握者在无意识的情况下不自觉的透露;二是情报的掌握者有意识的间接透露;三是情报的掌握者在不知觉的情况下被动的透露。下面举几个案例。

案例一

张铁军状告王晓京剽窃"女子十二乐坊"的创意
——情报的掌握者在无意识的情况下不自觉的透露

"女子十二乐坊"是由12位演奏民族乐器的年轻的女演员组成的,她们将传统的民族乐器的表演服,由唐装、旗袍等改成飘逸的裙服,并且一改平时"民族乐器"演出时端坐不动的造型,改由在舞台上器乐演奏与薄纱飞舞的相结合的舞台造型,这种令观众耳目一新的舞台视觉,收到了很好的效果,而且赚取了可观的票房利润。乐队在全国各地,以及日本、美国等地上演得风风火火,其票房价值一再攀升,演出的光盘销售量也达到了令同行眼红的地步。这是创作者充分地将中西方文艺元素巧妙结合的成功典范。

但是,两位当事人张铁军、王晓京却对簿公堂,张铁军起诉王晓京窃取商业秘密,要求王停止侵权、赔偿损失、赔礼道歉。作者就其中涉及情报的部分与各位读者作一番探讨,以供参考。

据原告张铁军诉称,其经过两年多的认真思考及与音乐界朋友的反复研讨,产生了以新的形式、新的方法创意民族音乐演出的设想。并于1998年4月正式形成了《中华女子乐坊创意策划文案》(以下简称《策划文案》)和《北京中华女子乐坊文化发展有限公司整合报告》(以下简称《整合报告》)。1999年初,王晓京找到张铁军并提出该项目合作。张信以为真,就将《策划文案》和《整合报告》交给王。可是王晓京拿到上述文件后就杳无音讯,一直避而不见,随后便自行成立了"女子十二乐坊"创作组,具体由世纪星碟公司全面实施。

原告张铁军认为,王晓京以合作为名,采取不正当的手段骗取了构成商业秘密的《整合报告》,并在世纪星碟公司的女子十二乐坊中披露、实施、使用,并以此为世纪星碟公司谋取巨大的商业利益,侵犯了其商业秘密。故起诉请法院判令王晓京和世纪星碟公司立即停止侵权行为;赔偿经济损失998元及精神损失1元;在国家级报纸及电视媒体上公开赔礼道歉。

法院经过审理后认为:1. 张铁军并无直接证据能够证明将《整合报告》交给了王晓京;2. 王晓京也没有采取不正当的手段获得《整合报告》和《策划文案》;3. 张铁军将《整合报告》交给了王晓

京,但并未与王晓京签订任何保密协议,当然可以公开。所以,法院驳回了张铁军的上诉。

评析:

从这个案例可以看出,是张铁军他自己把"正在酝酿之中的、尚未实施的、没有采取过保密措施的"的方案拱手送给了竞争者,这就是一个相当典型的,在决策者思维创意阶段,在情报的"产出平台"就已经不自觉地泄密的典型案例。

通过这个案例中可以看出,从"情报产出平台"获取或者泄露的信息,有两个非常重要的特点:一是情报的准确性。这是张铁军自己创意的节目,肯定准确;二是情报的时效性。同类创意的节目,在全国尚属首次,如果及时推向市场,肯定能有不菲的回报。而正是基于情报在产出平台时就具备这两个特点,所以,要求我们的企业情报人员,应该设法在情报产出的第一时间就去获取,否则,就失去了先机。因为情报是讲究时效的,一旦过时,情报就变成了现代史料中"三皇五帝"的故事。

案例二

上市公司"中联重科"高管自购
——情报掌握者的有意识的间接透露

这也是一个很典型的情报产出平台的案例,我们设定前面的"女子十二乐坊"的案例,为情报产出平台在无意识情况下的不自觉的透露;那么,此案就是情报产出平台的有意识的间接透露,很有典型意义。

据多家媒体报道:

"中联重科19位高管于2008年8月28日集体通过二级市场买入公司股票,合计数量达80万余股,金额超过800万元。"

"据深交所公开信息显示,公司董事长詹纯新购入数量最大,他以10.32元买入了中联重科7.36万股股票,交易金额约76万元;董事刘权以10.26元购买了公司5.29万股股票,两位执行总裁张建国、殷正富分别买入5.2152万股和5万股股票,副总裁郭学红则以10.24元的价格买下了5万股。此前,这些公司高管均未持有公司任何股票。"

"现在的股市很不景气,一直暴跌,但是中联重科的高管却在这个时候购买股票,难道这就是所谓的救市,救自家的股市。该公司一位高层在接受媒体采访时表示,如果未来公司股价继续下跌,不排除继续购买的可能,公司内部认为企业的前景会非常好,这次买入大量股票的行为,是希望能够由此来提振企业的市场信心。但都是自己花钱买入大量股票,给别人的感觉是这支股票已经撑不下去了,否则怎么会靠自己人来支撑,由此透露出来的是缺乏自信,对于自家股市的担心,反而会造成别人对中联重科股市的质疑,形成是适得其反的结果。"

评析:

作者的观点与媒体的说法截然相反,作者认为:这19位高管的股票自购是"抄底自购",并不是担心自己的企业支撑不下去。读者可以看一下在他们购买股票之前,新华网、人民网在2008年5月16日的报道:

2008年5月12日,汶川大地震刚刚发生,时任湖南省委书记张春贤就亲自给有关部门打电话,希望"机械湘军"迅速向灾区集结。但是,中联重科、三一重工等企业生产的设备都是下线一台,出厂一台,企业没有"存货"。一些紧俏设备,常年有客户拿着现款排队等货。

"不惜一切代价,向灾区捐赠装备,派出救援队!"中联重科等企业不约而同地做出了这项决策。为了抢时间,他们指令企业在四川的分支机构,向客户征调已经卖出去了的起重、挖掘设备。

去灾区支援的设备和驾驶员等一切费用,全部由企业(中联重科、三一重工、山河智能)承担。这些向用户"反租赁"来的设备和人员,从13日开始,陆续投入了北川等地的救灾。与此同时,在长沙生产基地刚下线的设备,凡已被订购的,企业主动与客户协商,"租"下来捐献给灾区。

三家公司拿出了装备捐献清单:中联重科捐赠价值2 000万元的设备、三一重工捐赠价值1 500万元的设备、山河智能捐赠价值500万元的设备,一支庞大的"机械湘军联合部队"迅速组成。

13日下午,"中联重科"由技术人员、机手和志愿者组成的救援突击队,用大型平板拖车拉着设备,浩浩荡荡向四川灾区进发;三一重工、山河智能派出队伍随后跟进。在这支队伍中,很多人都是从车间出来,开完紧急动员会就上车出发,不少人甚至没有来得及和家人道别。一路上,湖南省政府派出警力,提供开道、柴油保障、人员用餐等一切便利。

请各位读者再重复看一遍新华网的两则有关的报道内容:

1. 中联重科、三一重工等企业生产的设备都是下线一台、出厂一台,企业没有存货,一些紧俏设备,常年有客户拿着现款排队等货;

2. "不惜一切代价,向灾区捐赠装备,派出救援队!"中联重科等企业不约而同地做出了这项决策。为了抢时间,他们指令企业在四川的分支机构,向客户征调已经卖出去了的起重、挖掘设备。

读者可想而知,企业的产品如此紧俏,企业的社会责任感如此强烈,这样的企业会支撑不下去吗?这样的企业需要高管来自购股票救市吗?

实际上,作者的理解是:高管的行动在向本企业职工发出一种情报信息的暗示,"本企业的股票基本上见底了,可以购进了,现在是抄底的最佳时机"。这种信号是来自高管层的信号,是来自情报产出平台的信号。在正常情况下,企业的高管层对自身企业的状况应该是比他人更清楚。其准确性是绝对可靠的、其时效性是在最佳阶段的。请读者看一下该股票的走势:

这19位高管是2008年8月28日买进的。但是从2008年11月7日最低到8元8角左右后,该股票就一路上扬,仅仅半年时间,到2009年3月4日,该股票就上涨到21元左右,涨幅超过了100%。

如果中联重科的员工当时如果能够"跟着领导走"、"跟着感觉走"、"跟着暗示走",每个人根据自己不同的经济承受能力,适当买进一些股票的话,半年之后,经济效益就相当可观了。因为在正常的情况下,本企业的职工一般是能够在第一时间里,知道自己的高管层在购进股票的,况且是高管层集体购买,连媒体都已经报道。我不知道,在当时的情况下,中联重科的员工中,是否有大手笔跟进的。如果有的话,那我绝对相信,现在的他每晚在梦中也是笑呵呵的。

案例三

小硕士谋定关系户
——情报的掌握者在不自觉的情况下被动的透露

刚才的两个案例,一个讲的是情报产出平台的直接透露,另一个讲的是情报产出平台的间接透露,这个案例则讲的是情报产出平台的被动透露。三个案例各有不同的透露特点,读者可以慢慢理解,以求在实践中更好地把握。

2008年8月,作者在成都讲课。课后,我随几个学员一起去大排档就餐,同行中有一位刚毕业两年的男性硕士生(以下简称小硕士生),因为身高较矮,且又长着一张娃娃脸,几个同往的大他几岁的女学员均喜欢与他开玩笑,并抚摸着他的脑袋,戏称他是"未成年人"、"90后的小朋友"等。因为这些学员都是来自全国各地的大型国有企业,且又都是本企业的白领,大家在一起学习了好几天,所以都比较随和,也喜欢开玩笑。

想不到,那个小硕士生在吃饭时候交流的搜集企业情报的经验,使那几个"学兄学姐"自叹弗如。

小硕士生自称,其自从硕士生一毕业,就被集团(国有企业)领导派到某市办事处工作。集团领导给他的任务很简单,就一个,与某市相关部门的工作人员处好关系,目的是伺机从他们的口中了解本集团所需要的情报信息,给他的唯一优势,就是配备了一辆用了十年的桑塔纳轿车。

小硕士生深知近几年某市的公共交通难,特别是上下班期间,更是令上班族苦不堪言。于是,小硕士生就利用这辆用了十来年的桑塔纳轿车,每天将与他们有业务联系的某市的关系户分别接送上下班。遇上双休日,更是开着这辆桑塔纳与这些朋友去郊外进行垂钓、踏青等休闲活动。半年下来，小硕士生与这些关系户的工作人员结上了良好的私人关系。只要不是绝密材料，一些商业上的最新消息，源源不断地在上下班的途中流入到小硕士生的耳中，使该集团公司获益匪浅。

小硕士生得意地对着那些"学兄学姐"道："作为企业来讲，咱不要绝密文件，那是犯法的。我们只要知道事情的百分之七八十左右就可以了。后面部分，自己集团内的专家完全可以推算得出来。"

评析：

1. 这个案例和上面的两个案例稍有差异，这些关系户中的工作人员，是在小硕士生的人际网络圈内，是他自己内定的、有能力产出情报的"知情人"。在小硕士生人际感情的外力作用下，他们是被动的、不知不觉地透露了有关的情报信息。这与上面两个案例的自愿透露、间接透露又有差别。

2. 这位小硕士生很聪明，在他接手了任务之后，对现状的分析是：某市的交通拥挤，上下班时间更是车流量的高峰，只要设法给我的目标对象解决上下班时的乘车问题，就应该会增进互相之间的感情。从而，随着时间的推移，感情会进一步地加深与投入，我们之间应该会是无话不谈。今后，我们公司如果有什么需求，只要不是太原则的事情，他们应该会答应我的请求。这位小硕士生的工作设想与工作措施是正确的，得到了动机与效果的完美统一。

3. 作为情报的获取方，在搜集情报的时候，应该要注意双方对法律的规避，双方都不能有违法的举动。

4. 从反情报的角度讲，一切掌握企业机密的人员，切忌对身边的亲朋好友去讲述一切不该讲述的事情，以免"祸从天降"，这并不是"危言耸听"。

第二节 模糊信息的流通平台

一、企业情报流通平台的特点是

任何一家企业的情报信息一经产出之后,必然会按照一定的规律,在固有的范围与渠道之内流通。作为一个优秀的企业情报工作者,如果在产出平台搜集不到你所需要的情报信息,就要学会去寻觅目标企业情报信息的流通平台与流经的范围,做好情报搜集的各种预案;同时,作为情报产出地的企业来讲,要做好反情报工作、也要注意在自己情报流通范围内的防范工作。

企业情报的流通平台与流通范围之内的情报的搜集与反搜集,是竞争双方争夺最激烈的地方。因为竞争双方都懂得,到情报的产出平台去搜集目标对象的情报,具有相当大的难度,一般是很难获取到的。所以,双方争夺的焦点、双方投入的精力,都会集中到情报的流通平台上。

二、企业情报流通平台的两条渠道

企业情报的流通平台主要有两条走向。一是流通的地点:各类沙龙、娱乐场所、饭店茶楼、展览会、招聘会、报纸杂志、酒吧、各类会议、公园、公司网站、网上论坛等。二是流通的人员:合作伙伴、供应商、经销商、代理商、知情人、咨询公司、产业情报所、新闻媒体的记者、内部员工、公司高管、知情者的近亲属、行业协会、领域专家、科研院所、竞争对手、广告公司、证券分析师、消费者及政府有关部门人员。

下面,请读者看一个浙江商人是如何利用了流通平台来获取情报的。

案例一

新的欧元票夹是怎样行销欧洲市场的

上世纪末,欧盟各国准备规范货币、统一使用欧元。浙江海宁某皮件公司的商人,在欧洲的一次餐桌上,从有关人员口中了解到了欧元的尺寸大小。经过调查发现,即将发行的欧元尺寸规格比原来的欧洲货币较大。

欧洲国家过去生产的各式票夹,高度皆不超过80毫米,而新的欧元票夹,起码要达到高95毫米、长170毫米的标准,才能放进欧元。精明的浙江商人马上敏锐地意识到:这一信息中孕育着滚滚财源,尽管欧盟诸国家的制造商虽然也在抓紧设计生产新的欧元的专用票夹,但生产量大,成本高。所以,应该还有很大的市场空间。浙江的皮件商人闻风而动,及时给欧元"量体裁衣",抓紧开发了40多款总计230万只欧元专用皮夹投放欧洲市场。这些皮夹在欧元面市的当天,很快就销售一空,订单接踵而至,他们的产品源源不断地被运往欧洲各国。

这一典型的利用流通范围内截取情报信息的方法,导致企业致富的案例,成了情报学教师在课堂上的美谈。

就在海宁这家民营企业抓住机遇果敢出击、发"洋财"的时候,我国的很多同行竟然还不知不觉,"连欧元还没有看到过,不知道尺寸到底是多少"。

不知道欧元的尺寸,错失了一次"捡皮夹子"的机会;不知道与浙江商人在搜集情报信息上的差距,将会错失更多次的无数的赚钱良机。

评析：

1. 这位浙江商人在欧洲开的是一家饭店，他从饭店的顾客中听到这个信息，就敏锐地感到这是一个绝佳的商机，并立刻通知家乡的商人，赶制了一大批欧元票夹，从而取得了巨大的利益。

2. 这个案例说明，有很多的信息不一定是商业机密。但是，在这些信息里面也会蕴藏着巨大的商机，巨额的利润。这些信息的持有者，会在他们认为合适的流通场合将这些秘密脱口而出，如果这些秘密一旦被你收获且处理得当，就会转化成利润。这就是情报信息的流通渠道、流通范围、流通平台的特点。

3. 作为企业的情报人员，你要知道，你所需要的目标对象的情报信息，经常会在那些特定的地点与场所进行流通与传播，你对这些特定的地点与场所是否已经全部了解与掌握？

类似这种在公共场所获取情报的案例，并不少见。关键是要把握好在什么地方、流通着本企业所需要的情报信息。像"浙商"在欧洲开的饭店，虽然不会天天产出类似"欧元票夹"一样的商机。但是，每天或多或少，总有一些赚钱的信息在流通。就像有些成功的商人所说："我开饭店不是为了赚钱，而是为了得到更多的信息，结交更多的朋友，以及自己的应酬需要。"

案例二

通过质量检验师获取对手的情报信息，使本企业获利

华东某地区 B 公司是专业制造集装箱的公司，他们通过招投标，获得了 A 公司部分集装箱的订单。每次交货之前，A 公司就会派出质量检验师王先生来 B 公司检查产品质量，以确定质量是否达标。

A公司是一个超大规模的国际海上运输公司,他们需要大量的集装箱,以满足货物运输的需要。所以,A公司不但有订单给B公司,也有订单下发到其他的集装箱制造企业。而为了保证集装箱的制造质量,A公司将所有制造企业的产品质量都交由本公司的王先生一人负责检验。所以说,王先生知道所有集装箱制造企业在生产过程中的一切技术秘密。

　　为了拿到更多的订单,满足企业的发展需求,在竞争中击垮对手,B公司情报部拟定了一个详细的方案,决定要从检验师王先生的口中了解到更多的同行业的制造技术与制造工艺等。于是,在检验师王先生每次来公司检验产品质量时,都有情报部门派出懂业务的人员,陪同本公司原来的接待人员一起参与接待,并经常以讨教的口吻向王先生请教各类专业问题,还要求王先生指出本公司在产品质量上不如其他制造厂商的地方。工作之余,他们还根据王先生的爱好为其策划、助兴,使得王先生到了B公司之后,就有了一种宾至如归的感觉。

　　王先生不是没有感觉,像他这样常年在各个公司之间奔走的人,当然明白B公司的用意。他相当清楚,在市场竞争如此激烈的今天,B公司热情接待的最终目的是什么,就是要他告知B公司没有掌握的其他集装箱制造企业的有关情况,并且毫无保留。王先生也深知,就是把他掌握的其他公司的秘密全盘告诉B公司,对他们A公司来讲,也没有一点损失。因为,从他个人的角度出发,订单给谁做都是一样,只要谁家接待得更好即可。

　　几次下来,B公司全部掌握了其他竞争对手在集装箱制造上的一些细节与秘密。在第二次的招投标上,B公司从原来20%的订单占有率,一下子达到了70%的占有率。

> **评析：**
>
> 　　这个案例虽然看上去较为简单，实际上是一起通过"人际网络流通平台"套取情报信息的良好案例。首先，这是在流通范围内的情报，因为检验师的特殊身份，与B公司同行业的一些制造工艺与制造技术都流通到了王先生的手上。其次，从人际网络的角度讲，王先生既是一个知道线索的人，也是一个掌握情报的人。B公司在感情沟通的基础上，达到了目的。再次，这也是一个较为典型的从第三方搜集情报的案例，双方都在法律许可的范围内活动。

　　同样道理，类似这种在特定人员的身上，流通着本企业所需要的情报，这样的情况并不少见。关键是：你要明白，这种特定人员在哪里？如何去接近？

第三节　模糊信息的配套平台

　　从国际到国内，只要稍具企业竞争常识的人士都清楚，我国的企业情报领域是一块尚待开垦的处女地，可发展的空间是一望无际。在这块领域里，缺师资、缺教材、缺人手、缺资金、缺器材、缺少相应的法律法规，更缺少的是情报搜集与反搜集的基本常识和基本思路。

　　在此前提下，各种各样的配套公司在精心包装之后都开始登场了。据不完全统计，在这个领域内：有为企业做商务调查的，有为企业做商务咨询的，有为企业提供行业报告的，有为企业做网络检索的，有为企业做情报培训的等，各种各样配套服务设施应运而生。

　　在这模糊信息的配套平台上，可谓是一个鱼龙混杂，泥沙俱下的

"新天地"；也是一个"警察与小偷"同存、"诚实与欺诈"共处、"真实与虚假"同在的"大舞台"。在这模糊信息的配套平台上，各种各样的配套设施可谓是一应俱全，充分展示了各种社会力量的争斗与合作。企业情报部门对此要保持高度警惕，切忌轻易委托他人。

一、调查提纲被委托方转手倒卖

2007年初，上海一家著名的国有企业集团公司在一次座谈会上称，他们委托某著名的外商咨询公司做的一份市场调查报告的提纲，却在他们的竞争对手那里看见了。他们认为，无非是两种可能：不是被外商咨询公司转手倒卖，就是被竞争对手窃取到手。

二、宏观的理论却要付出情报的价格

2007年初，在同一座谈会上，一家著名的由国有企业控股的集团公司，吐露了一件令人费解的案例。该公司出资150万美金，请一家著名的境外咨询公司，要求为公司做一份有具体细节、讲究微观战术的企业"五年发展规划"。可是，到手一看，内容都是一些夸夸其谈的宏观理论，没有什么实用价值。他们在座谈会上呼吁：为什么不少发达国家的企业情报工作能得到政府相关部门的支持和指导，而我们国有企业的支柱产业和大型民营企业，却得不到相同的支持和辅导。

三、"同一要求"给出不同的行业报告数据

2008年，作者应邀在上海某会堂讲课，与会的另外两位培训老师来自以出售行业报告为生的TI公司。听众向这两位老师提问："为什

么一份同样的行业报告,你们两家公司给出的数据相差那么大?"其中一位培训师的回答是:"我们的数据是来自某某局,绝对差不了。"另一位培训师的回答是:"我们的数据是来自某某进出口部门,他们的数据是最准的,是根据每天的进出口数字统计出来的。"学员又一次发问:"你们两家的数据,究竟哪家的准确呢?"得到的回答是:"进出口的数据统计在前,某某局的数据统计在后。所以,数据的出处不同,统计的角度也不同,从而他们两家公司给出的行业报告里的数据也不尽相同,这是很正常的。"

这真是一个天大的玩笑,这种做法完全是骗人的,这些数据到底来自何处,恐怕连这两位培训师自己也不清楚。

四、网络黑客的"隐蔽工作"

与咨询公司、调查公司相比,专门从事黑客作业的个人或公司,他们的活动却十分隐蔽,相互之间都是单线联系。有的专门提供黑客交易的网站,有的专门破解电子邮箱密码,有的专门培训黑客会员,还有专门窃取企业资料的高手。这些黑客中的绝大多数是从境外上网,以躲避国内有关部门的追查。企业情报部门要十分注意,防止被网络黑客窃取资料,造成损失。

五、自我努力,多方协助

作者以为,大型企业如果真正想要做好情报工作的话,还是要以自己的努力为主,别人的帮助和指导为辅。二者相辅相成,才能取得成功。

在我与企业一线情报人员的接触中,我发觉企业中专职和兼职的情报人员,他们对开展情报工作的积极性很高,也懂得一些情报工作的方法，但缺少的是一些经验和高超的手段，他们迫切希望有关部门能加强指导与帮助，使他们能为企业搜集到有价值的情报。

> **案例**
>
> ### 巧妙获取竞争对手的五年计划
> ——借助配套平台在流通阶段搜集对手的情报
>
> 一天，上海某大型企业集团的情报部门负责人李处长来找我，请我设法帮助该公司获取其竞争对手的五年计划。企业的五年计划属于保密范围，并都采取了保密措施，如果用直接的方法去获取，一般都是违法的。我对这位李处长提出，拟另辟捷径，用间接的、迂回的方法，在法律允许的范围内去设法搜集。但集团必须先具备两个条件：
>
> 一是集团的下属是否有自己的经营其他项目的全资子公司，或者是否有可以借用的其他公司，类似咨询公司一类的。他回答是"有的"。二是我提出在一般情况下，企业不一定要获取对方的全部资料和原件，只要知道与了解60%—70%的内容，其剩余部分能否由本行业的高级专业人员大致推算出来。这位情报部门负责人表示，在一般情况下，可以推算出来，但也不是绝对的。如果能设法搜集到对方大约三年左右的发展规划，其余部分问题不大，我们应该可以推算出来。
>
> 我与李处长打着某咨询公司顾问的名义，同往南方某城市。到达目的地之后，我请李处长在宾馆休息（按照情报工作基本特征之一，隐秘性的要求，情报工作方面的业务来往，知道的人应该是越少越好。而且我只是在他们的集团公司客串一下而已，下不为例的），就一个人外出找我的好友，原来的一个同行。他下海经商之后，目前在当地的一个律师事务所任合伙人之一。

老朋友久未见面,当然不能对他讲,我此行来你处,是想请你帮忙,请你想法搜集某某公司的五年计划,这肯定是要把老朋友吓跑的。我与他找了一个僻静的茶室,两人开始喝茶聊天,天南地北、海阔天空、老友新朋地侃了起来。

老朋友开始问我此行何为?我就告诉他,本人目前在一家投资咨询公司任投资顾问,最近有一家外国财团拟来你市及另外几个邻近的城市投资,委托我们先来做个前期的调查报告,进行初步的考察摸底,以便最后定夺确切的投资方向。我又告诉这位老朋友,这个财团初步的投资意向是你们市的三家企业(我对他说了三家企业的名称,其中有一家就是我们此行要了解的目标企业,其余两家是虚构的)。我对你们的城市情况不了解,你是否可以找一两家熟悉的咨询公司帮我做一个投资报告,市场分析,以便确定投资意向,老朋友回答表示完全可以。

第二天,老朋友就带来了两家当地的咨询公司。这两家公司原来都曾经为我们的目标企业做过咨询业务,手头积累有很多的现成资料。我向他们提出要求:想要了解这三家企业前三年的经营状况和以后三到五年的发展构想,以作为投资的参考。这两家咨询公司表示可以做到,三天之后就可交出报告,我付了他们三分之一的定金。

这期间的三天,我与李处长外出游览了当地的大好河山,观赏了当地的民俗风情,品尝了当地的风味小吃……

三天过后,两家咨询公司分别拿来了他们所做的市场调查报告,将我们锁定的目标对象的后三年计划描述得清清楚楚。李处长看后面露喜色,满面春风。就这样,一个原本以为很难的问题,达到了圆满的结局。李处长认为这次行动非常成功,所花的费用只有预算的十分之一,且又不违背有关法律条款。

(注:案例中的人物均为化名)

评析:

1. 情报人员要有一个合适的身份、合适的理由

从这个案例可以看出,为了适应企业情报人员的日常工作,情报人员应该要有一个合适的身份和一个合适的理由。其次,情报的获取与搜集要事先设计好方案,不可直接点题、平铺直取。拟通过间接和迂回的手法,在对方不知情的情况下,达到我们自己的目的。

2. 要注意人际网络的润滑

作为企业情报人员来讲,大量的、真实的、有用的第一手情报,一般都来自人际网络。所以,平时既要注意新的人际网络的拓展,也要注意旧的人际网络的润滑与巩固,两者不可偏废。

3. 要学会运用通过第三方搜集情报的思维方式

一般情况下,经过事先的调查摸底,要了解清楚是否有第三方掌握你的竞争对手的情报信息。也就是说,竞争对手的情报信息会流经哪些渠道?要设法通过这个第三方,也就是目标对象的情报信息必经的流经渠道,去搜集对手的情报信息,这是一种比较稳妥的办法。

4. 搜集情报的方式一般不能复制

"人不可能两次同时踏进同一条河流。"这一句古老的哲言,说明了事物的运动与静止的辩证关系。作为企业情报工作人员来讲,当你在设计情报搜集方案的时候,切忌照搬照抄。因为,每个企业的竞争对手不同,企业的规模不同、所有制不同、行业不同、地域不同、方案面对的对象也不同,你需要接触的人员也不相同等多种要素。所以,你要根据实际情况来设计搜集情报的方案。

> 5. 对来往密切的客户，要注意重要信息的保护
>
> 实际上，我们通过这个案例，还可以看到了企业反情报工作的重要性。对于有经验的竞争对手来说，只要稍有一点蛛丝马迹，就能察觉到你的活动和计划。所以任何一个企业对与自己来往密切的客户、关系户等，尽量不要将企业的重要信息和盘托出。就是有求于他人时，也要分包接洽，这样才能做到自我保护。

对于在三个平台搜集动态情报的方法，既有相同之处，也有不同之点，不能互相割裂开来，要学会综合运用，方能事半功倍。

第八章
情报信息点的发现与控制

要做好企业情报工作,必须先要做好基础工作,这就是第四章所讲的"人际网络"的建设。有了扎实的基础工作,有了围绕目标对象的人际网络群,企业对情报搜集中的困惑与难点就会"豁然开朗"。有了庞大的人际网络群,企业情报人员就会清楚地知道,在什么地方,有你所需要的能够产出目标对象的情报点;在那个地方、目标对象的情报与信息会像泉水般的自然喷涌而出,让你欣喜不已,欢呼雀跃。

对于从来没有从事过企业情报搜集的人员来讲,要在日常工作中去注意和发现能够源源不断地产出目标对象情报与信息的地点,有相当的难度。

实际上,从开始有情报工作以来,情报人员就围绕着能涌出目标对象情报信息的地点在辛勤工作。他们在设法发现这类地点;他们在设法控制这类地点;他们在设法制造这类地点;他们在设法搜集由这个地点所产生的目标对象的全部情报与信息。只是我国一直没有企业情报方面的教材与著作,也没有这方面的舆论和宣传,所以,随着市场经济的加速到来,我国的企业在情报知识方面的贫乏性,以及在实践操作上的单一性,成了制约我国企业持续健康发展的主要瓶颈之一。

在操作"情报信息点"的工作中,企业情报部门的首要工作就是要善于发现与察觉是否有这种自然形成的"情报信息点"。

其次,是要设法掌握与控制这种自然形成的"情报信息点",以达到为我所用的目的。

再次,如果没有自然形成的"情报信息点",企业情报部门应该有重点、有目的地设计与制造几个"情报信息点",以达到搜集竞争对手与目标对象情报的目的。这种与自然形成的"情报信息点"相反的、人为的、刻意制造的情报点,从一定意义上讲,搜集到手的情报信息的质量会更高、内容会更全面。

为使读者能够较好的理解与实施"情报信息点"的工作,我们先对城市景观中的"喷泉点"与企业情报的"情报点",做一个简单的比较与介绍。

第一节　景观喷泉点与情报信息点

一、景观喷泉点的特色

我们很多城市的旅游景点都有喷泉设置,五颜六色的水花与水珠、时高时低的水线与水帘,给游人带来一份喜悦,给空气带来一份清新,给我们的城市带来了一道美丽的低碳的风景线。景观喷泉点的特色是:喷泉的水珠和水花、无论变换什么颜色,无论变换什么花样,有三点基本情况是不会变化的:

1. 喷泉中的各类喷嘴肯定有水珠或水帘间歇喷出,否则不成其为喷泉;

2. 喷泉中的变化式样,始终是在设计者事先预定的轨迹内运行;

3. 无论如何变化,下落的喷水始终落在事先设计好的水池之中,不会外泄。

二、情报信息点的特点

在情报搜集的工作中,往往能够发现和遇到一些场所和人员,这些场所和人员能够产生并提供本企业所需要的情报信息。但是,需要通过企业情报部门大量的付出,才能使这些场所或人员能被我掌握控制、不断地为我输送情报信息。情报信息点的基本特点是:

1. 这个地方或人员能够提供或产出己方需要的情报与信息;

2. 这个地方或人员无论如何变化,都基本脱离不了企业情报部门的视线；

3. 这个地方或人员产出的情报与信息，都能够被你全部或大部分囊括。

第二节　情报信息点的两种形式

利用"情报信息点"的方式去获取目标对象的情报，主要有两种操作形式：一是发现、控制与利用自然形成的"情报信息点"；二是为了企业情报工作的需要，为了企业经济发展的需要，而人为地、有意识地去制造"情报信息点"。

一、自然形成的"情报信息点"

1. 挖掘和发现"自然形成的情报信息点"

这里指的是：你的目标企业或竞争对手，在经营的过程中间，因为流通等对外接触的需要，会与不少公司或部门有着千丝万缕的横向联系。并在与他们的接触过程中，会留下不少企业自身的机密。这些与目标企业发生横向联系的其他企业、部门或人员，都具备了"情报信息点"的第一特点。

因为，这些"情报信息点"在日常的工作中，既能与本企业打交道，又能与同行业中的其他企业打交道；或者能与非同行业中的本企业的目标对象打交道。而且在他们打交道的过程中，那些外界的公司与部门会自然而然地留下本企业所需要的情报信息的一些痕迹。例如：

木材供应商既能向制造家具的 A 公司供货、也能向制造家具的 B 公司供货。在此前提下，这家木材供应商应该既能知道 A 公司原材料进货量的数据,也能掌握B公司制造家具的木材用量。情报部门根据竞争对手的木材进货量,就可以大致推算出他们的产品制造量。所以,木材供应商应该可以成为"家具制造公司"的"自然形成的情报信息点"。

乘用车的车灯制造商,既能向A集团供应车灯、同时也可以向B集团、C集团等其他汽车制造企业供货。根据车灯制造商对不同企业、不同规格的不同供货量,也就可以大致推算出不同企业、不同车辆的制造数量。

这些相关企业中的有关部门和具体人员,就是情报部门较为理想的"自然形成的情报信息点"。接下来就是看我们的企业情报人员是否能更好地发现、最理想地利用、控制和保护这些"情报喷泉点",使其成为能够向企业情报部门源源不断地输送情报信息的理想地点与人员。

2. 利用和改造"情报信息点"

企业情报部门在挖掘自然情报信息点的基础上,要设法把自然的情报信息点设计改造成能够为我控制的、为我服务的"情报信息点",这就是建立"情报信息点"的原则与任务。

如果能够做到这一点,说明你在企业情报方面的搜集能力已经具有相当的水平,这是对企业情报工作综合能力的测试与考验。企业情报部门要在这一工作的基础上,利用自然形成的"情报信息点"为半径,继续向外扩大企业情报的搜集范围,寻找更有价值的线索,不断深入提高,使"情报信息点"的作用发挥得愈来愈大,要设法穷尽"情报信息点"的作用。

二、刻意制造的"情报信息点"

相对于"自然形成"的情报信息点而言,人为"刻意制造"的情报信息点，所起的作用就更大。这是企业情报部门，为了搜集竞争对手与目标对象的情报信息，人为制造的，也可以说是企业情报部门和具体工作人员思维创意的结晶。这既是情报部门搜集情报信息的高招，也是反情报部门工作必须要特别注意的"泄密门"。这种人为制造的情报信息点，有相当的难度，需要一定的天时地利的外部条件配合。但是，如果一旦形成，其在企业情报的搜集与反搜集方面的作用不可低估。

企业情报部门如果想刻意建立一个情报信息点，它必须具备下列条件：

1. "情报信息点"要能够接触与迷惑对手

企业情报部门经过仔细的分析判断，要确认这个"情报信息点"建立起来之后，应该而且必须能够延伸到：竞争对手和目标对象的情报信息的"产出平台"和情报信息的"流通平台"。其次，这类"情报信息点"的存在形式可以有多种多样，但关键是要能够迷惑你的竞争对手和目标对象，不能让他们有丝毫的察觉。

2. "情报信息点"要能够产出情报和信息

企业情报部门在经过缜密的调查研究之后，确认这个"情报信息点"是能够产出企业所需要的某个方面的（不是全面的）、真实的、准确的情报信息，才能够投入力量，投入经费，认真经营，逐步完善，发挥作用。

3. "情报信息点"要能够绝对控制与把握

企业情报部门经过模拟的操作实验，应该确认：从这个"情报信息点"产出的情报信息，其中的绝大部分，甚至百分之百要能够被你搜集，为你利用；其次，对这个情报信息点内的关键人员，你要有绝对的控制把握，他们会主动地把知晓的情报信息如实地告诉给你，而不会泄露给别人。二者缺一不可。

案例一

婚介所人为制造的"情报信息点"

前几年，在上海市中心某公园的门口，每天会自发地聚集着许多五六十岁的中年男女，他们手里各自拿着几张照片，在花坛的一角，窃窃私语。这是上海一些白领青年的家长，他们的子女或者因为工作压力太大，或者因为交际圈太小等种种客观原因，已经到了婚嫁的年龄，应该是"男大当婚，女大当嫁"了。可是，都快迈进三十的人了，还是该娶的未娶，该嫁的未嫁，这就急坏了他们的父母。该公园位于上海的市中心，也是中老年人晨练的场所。在这里，平时会聚集着一大批退休后在此休闲的中老年人。一段时间下来，这里就无形之中形成了，是一个白领青年的家长代为子女寻找配偶的地方。

上海市某婚介所得知这一消息后，即派员去现场核实。在了解清楚之后，婚介所与市中心的某酒家达成协议。于是，每个星期六的上午，在酒家非营业时间，婚介所把这些老人从露天的公园门口，请进了酒家，给他们每人泡上一杯茶，让他们坐着慢慢地与对方的家长聊。一时半会找不到称心对象的，婚介所就帮他们登记在册，让他们以后继续到婚介所来为子女寻找合适的另一半。

这些中老年人互相告知，几个星期下来，原来上午不营业的、门可罗雀的酒家，现在却门庭若市，热闹非凡，不少老人纷纷来此为子女寻觅伴侣。婚介所的此举，既有自己的经济效益，又有社会的公众效益，一举两得，皆大欢喜。这个酒家也就自然而然地成了婚介所搜集大龄未婚男女情报资料的最佳场所。

评析：

1. 这就是婚介所的高明之处，他们把原来属于自流形式的家长沙龙,变成了在婚介所统一调度下的有序的互相交流。在酒家里,有婚介所急需的未婚白领男女的大量资料(这对婚介所来讲就是情报);在酒家里,家长们除了自我交流之外,还会主动把子女的资料给他们登记。婚介所达到了既能发现,又能掌握的双重目的。

2. 上海电视台娱乐频道的《相约星期六》栏目,更是在此基础上跃上一层楼。他们通过为未婚男女的荧屏相约,搜集了上海,乃至全国各地,甚至海外的大量未婚男女的资料,这些资料就是他们需要的情报。从企业情报的角度讲,这就是他们人为制造的情报信息点。有了情报,再加上节目组全体人员的努力,主持人的妙语连珠,他们把情报的作用发挥得淋漓尽致,使该栏目的收视率连续多年居高不下,赢得了社会效益与经济效益的双丰收。

下面再介绍一个比较复杂的,也就是刻意制造的"情报信息点"的案例,供读者参考。

案例二

眼看中标的工程为何总是半路而飞

这个案例比较复杂,涉及企业情报方面的很多知识,需要将多种知识、多种技能综合运用,方能操作。

(一)外企老板 来电求援

退休后的某一天,我手机中特有的铃声骤然响起,听铃声就知道,这是好久没有联系的,一位在从事建筑行业的,某中外合资企业的总经理吴某。

"你好,吴总,请讲……",我按下了手机上的应答键。

"陈警官,你明天晚上有空吗?我们喝点小酒,如何?"

"哈哈……别再称我警官啦,我已经是一个退休老人喽……,好啊!好久不见了,怎么现在想起请我喝酒?是不是有事情找我啊?"喜欢幽默与调侃的我,直接点明了他的来意。

"对!有点事情想向你咨询一下。明天晚上6点半,在我们原来的老地方见面,不见不散哦……"。已经退休两年的我,开始思索,吴总现在找我喝酒,到底有什么事?我估计,这酒是不会白喝的,一定是他本人或他的公司遇上什么有求于我的事情了。

(二)为解难题 暂任秘书

夜幕徐徐降临,在上海虹桥开发区的仙霞路上,我与吴总在一家相当幽静的酒吧内对酌。深绿色的、低垂着的、厚重的窗帘将我们与外界的噪声完全隔离了,邻近的一桌离开我们至少也有两公尺以上的距离。

"陈警官,我最近在生意上遇到了一些奇怪的事情,想请你参谋参谋……",吴总好像心事蛮重的。

"说吧……,我听听看,是怎么回事。"

"从去年底到现在,在将近半年的时间里,我有好几次即将到手的快中标的工程,却半途而废(飞)了,损失惨重哪!你能否帮我一下,找出其中原由,我们是老朋友啊!你总不能见死不救吧……"吴总说完,慢慢地将一杯红酒一干而尽,随后长叹一声。看其这幅伤神的样子,似乎不像有诈。

"这企业的事情,我不懂的啊,你怎么想起来找我呢?"我反问他。

"老朋友,你不用瞒我了,你看这是什么?"吴总随手从包里拿出一份报纸,翻到第二版,"你看,这2002年4月20日,《人才市场报》上的那篇文章《竞争引发无孔不入的企业情报战》是你写的吧?"

"你再看，"吴总从包里又拿出一份报纸，"这是《解放日报》采访你的报道吧……"

"呵呵……"我不由得佩服吴总收集报纸、细心观察的能耐。

"好吧，我帮你试试看。你是个生意人，现在怎么有了收集报纸的雅兴了？"

在我的记忆中，这位来自海外的担任中外合资企业总经理的吴某，虽然是华裔，但他一般是不看我们国内报纸的。他到哪里去找来的这两份针对我的报纸呢？我从烟盒里抽出一支香烟，慢慢地将它点燃。吐出一口烟后，望着有点陌生的吴总，我在思索着。

一般说来，从拿烟、点烟、抽烟、到第一口烟吐出，如果有意拖延时间的话，这一连串动作，大概需要将近60秒到120秒的时间，在这短短的120秒左右的时间内，可以帮助企业情报人员在现场赢得宝贵的思考问题的时间。

"是这样的，我参加了我们所在国的在华商会，在我们的商会里，有一个专门的部门，大概两三个人左右吧，他们每天从各类公开的报刊、杂志、竞争对手的网站以及互联网上摘抄与本行业、本商会有关的资料下发给会员企业，给我们参考。其次，像你这样的，有关企业情报之类的文章，他们也会摘编后下发。以帮助我们企业在目前竞争激烈的环境下，自己去寻找帮助的力量。"吴总坦然地说。

我略微思索了一下，对吴总说："好吧，让我回家考虑一下，明天晚上我答复你，地点还是在这里。"

第二天晚上，我们两人如约而至。我答应了吴总，说是试试看，但是不一定会成功。并告诉他："就在这几天的时间里，请你们公司到报纸上去刊登一个招聘秘书的广告。招聘的要求是：男，五十岁左右,秘书专业的已经退休的人员。"

"为什么要我招聘秘书?"

"我来为你破案,你总得给我一个身份吧。我曾经是读过秘书专业自学考试的,我之所以为你界定这么多条件,是因为内涵越大、外延就越小,来应聘的人员就越少,我就可以顺理成章地做你的秘书。只有我具备了你公司一定的身份,而且必须是一个比较灵活的身份,才容易与你公司的人员融洽在一起,才容易以你公司的名义对外打交道,才方便我为你找出是谁在泄露你们公司的机密呀?"

"好,没有问题,"吴总醒悟了,"我明天就让人力资源部的小姐去刊登招聘启事。"

就在广告有效期的最后一天,我按照与吴总的事先约定,去了他们的公司,并顺利应聘了这"总经理秘书"一职。

(三) 启动程序 布局谋篇

上班的第一天,我就来到了吴总的办公室。

吴总见我来了,忙起身将办公室关上,开始问我是否有何计策?

我对他讲,我的初步计划是:"先给我一个星期左右的时间,以熟悉你们公司的环境与人员。其次,在这个星期间,你要去设法虚拟一个'意向性'的工程合同,再设法找一个比较可靠的合作伙伴,担任虚拟合同中的甲方,你是担任乙方。万一有竞争对手去竞标或夺标,你的合作伙伴甲方,就可以马上把消息反馈到我们这里,以便于及时掌握情报。"

一个星期以后,我们的准备工作完全就绪,吴总在公司召开中层以上的干部会议时宣布:最近与A公司草签了一个建设大型超市的工程协议,需要大量的钢材。该工程的前期工作由新来的总经理秘书陈先生负责,采购部、设计部、工程部及总经理办公室的一切前期事宜,均向我的秘书陈先生汇报,并由其负责前期工作的筹备与实施。

序幕拉开了……

我的第一步工作是先把设计部门的领导与主要设计人员叫来开了一个会,向他们简单传达了该项目的基本情况,并希望他们按照以往的惯例行事。

即在这个工程的设计上,自己有能力的自己设计、自己没有能力的外包给专业的设计部门去做;其次,如果是外包,请外包方先报价,汇总到我这里后,再决定包给那一家。同时,我希望设计部的这些工程技术人员注意保密,切忌将项目的具体内容外泄。

一个星期过后,设计部门的情况汇总过来了。他们的计划是,部分自己设计、部分外包。且已经与某设计院初步达成意向,设计的初步报价也已经出来了。

按照常规,如果设计部门或者设计院有人外漏消息的话,我们虚拟中的甲方那里,应该会有人上门去探听我们的项目了,但这时还没有发生。这一现象可以初步说明,设计部门应该没有泄密的问题。

(四) 蛛丝马迹 初露端倪

既然设计部门没有问题,我的第二步安排,就是把总经理办公室的所有人员集中起来(这些人员经常在收发、打印各类文件材料,对公司内部的事情知道得不少,也是泄密的疑点之一),我把这个虚拟的项目也向他们做了一个介绍,希望他们配合业务部门,共同把这件事情做好。一个星期之后也没有发现异常现象,估计问题的症结也不在这里。

  我的第三步安排就是把采购部门召集起来,告诉他们,本公司接到这样一个项目,希望他们按照原来的采购渠道,三天之内把工程所需要的钢材价格报上来。

  在我向采购部通报该项目的第三天,就在采购部经理向我汇报钢材价格的时候,吴总把我叫到总经理办公室称:有一家外资企业的钢结构公司去了我们合同中虚拟的合作伙伴处(甲方),并且压低价格要求承揽此项目。

  很明显,问题就出在采购部——该信息到采购部门才仅仅三天,竞争对手就找到了我们"虚拟项目"中的甲方,速度太快了。

  一般来讲,在私人企业,在中外合资企业,财务、会记、出纳、采购等要害部门都是企业老板自己的亲信,都是老板的忠诚者,不会出什么大问题。那么为什么问题就会偏偏出在采购部门呢?为什么他们才知晓三天,这条信息就透露出去了呢?

  我把采购部的主管经理叫到我的办公室,向他详细了解这次钢材的询价过程。该主管回答:公司每次的工程用材一般都是在了解了四到五家供应商的价格之后,才最后由总经理自己拍板决定的,采购部只是起到一个参谋、建议与跑腿的作用。

  "你们是否有比较熟悉的供应商?"

  "有!"主管当即回答。

  "是哪一家?"我马上追着问道。

  "是B公司,他们每次供应给我公司的钢材,每吨的价格总是比市场上的价格要便宜3%—10%。"主管毫不犹豫的回答了我的问题。

  "他为什么会每次都给你们便宜?"我继续追问。

"因为他是我公司的长期供应商,薄利多销嘛,所以便宜。对了,吴总和他也很熟悉呀,而且他们也经常请吴总喝酒,你可以去问吴总啊。我们公司本部上上下下的员工都与他们熟悉。每次节假日,他们总是会送些礼品给我们,而且对一般员工也是如此。"主管的回答似行云流水,一点没有犹豫。

"既然他们这样仗义,那行,明天晚上我做东,请B公司的主管吃饭,表示答谢。吃完饭后再去唱歌。不过,明天吃饭与唱歌的地点由我安排。"我向采购部主管嘱咐。

(五)利用贸易 搜集情报

第二天下午,我事先做了安排,向我熟悉的准备去就餐与唱歌的两个场所的部门经理打了电话,请他们派两位能喝酒的服务员前来作陪。

晚上,我很早就候在了餐厅。B公司的主管带了其公司的两个雇员一起前来。稍事寒暄之后,我们就开始吃饭。因为有了事先的安排,我们的采购部主管一味敬酒、劝酒。接着,餐厅的经理、服务生也上来敬酒。我看B公司的几位已经有点醉意,就提出去唱歌,并表态今天全部由本公司买单,满座喝酒的朋友皆大呼我这个新上任的秘书够朋友,是哥们儿。

在KTV的包厢里,由于我的事先安排,B公司的主管在大家的频频碰杯下,已经语无伦次。开口道:"你们以为我只是一个小小的材料供应商吗?我曾经在某个国家留学深造,是该国名牌大学的硕士毕业生,现在做一个小小的供应商,只是'醉翁之意不在酒'罢了……我实际上是……"

他究竟是什么?他没有继续说下去。很明显,他还有更深层次的内容没有吐露。不过,应该够了,就凭这一点,我就可以初步断定,吴总的建筑公司几次到手的工程半途而飞,问题大约就出在他们这里。

第二天,我去了某国留学生归国联谊会秘书长那里(我的一个老朋友),我向他打听,在你们的留学生联谊会里是否有这样一个人?那位秘书长马上回答:有啊!秘书长还详细地告诉我:此人是一个高材生,他毕业后曾经留在该国一家钢结构公司任高级主管,月薪相当可观。现在回国了,开了一家小规模的钢材贸易公司。这家贸易公司实际上是该国在华某钢结构公司的全资子公司,他们开这家贸易公司的目的,就是要利用贸易公司的有利条件,去接触所有的竞争对手,从而了解竞争对手的所有情况……

不用再听了,到此为止,应该一切都明白了……这家专卖钢材的贸易公司,就是某国在华钢结构公司的全资子公司,也就是企业日常所说的是竞争对手的"配套公司"。他们开设这家贸易公司的目的,就是要利用销售廉价钢材的机会,伺机接近所有的竞争对手,并搜集与掌握对手的情报信息,然后……

(注:案例中的人物均为化名)

评析:

1. 公开资料的收集要有针对性与实用性

那位合资企业的吴总所在国的在华商会,对公开情报的收集是很有针对性的。他们除了收集有关行业的动态之外,还把所有**公开发表的、对企业有用的有关企业情报的文章,全部摘录汇编**之后定期下发给会员企业。

此举即对企业会员有益、对协会来说也有经济效益。不知道其他的行业协会能否学会这样简便易行的方法?那位吴总就是看了协会的摘编之后才萌发了来找我的想法。

2. 实施企业情报工作要有一定的隐秘性

为什么要招聘我当秘书？情报的特征之一就是隐秘性，我之所以要他们刊登招聘秘书的信息，正是为了利用秘书的身份来迷惑对手，开展企业的反情报工作。其实，这样的做法并不少见，东亚某国在华一家特大型企业，他们的情报部门就取名为"生活服务部"，他们以生活服务之名，来探究各种他们想探究的事情。而"生活服务"的名义比较宽广，接触的范围可以无限延伸。

3. 企业情报是一把手工程

我之所以答应去那家合资公司，协助他们开展反情报工作，是因为"总经理定了工作的基调"。情报工作是一把手工程，没有企业一把手的亲自过问，这个企业的情报工作必然是很难走上正规的。

因为，一个企业要开展情报工作，必然要涉及经费、编制等许多具体问题，特别是我们的国有企业。其实，按照正规的做法，CIO是企业首席情报官，CEO只是企业的首席执行官。二者的地位应该是并列的，都是在董事会领导下的一个方面的业务权威。从某种意义上来讲，首席情报官的作用并不逊于首席执行官。只是我国的企业情报工作尚未走上正规，人们对此尚未有清晰的认识罢了。

4. 企业情报是一门讲究谋略的工作，是一种提倡辩证的艺术

为什么要虚拟一个工程？情报工作不是一项简单的劳动，这是一项讲究智慧、讲究谋略的博弈，是一项讲究虚实结合、真假结合、动静结合、上下结合、内外结合的辩证的复杂劳动与高级劳动。所以，虚拟工程只是一种手段，就好像是设计了一个陷阱、布了一个局、下了一个套，让对手自动地跳入其中。而采取这种手段的目的，就是要弄清楚：是谁在泄露公司的秘密。

5. 企业的哪些部门需要重点加强反情报工作

为何问题就出在采购部？这就是非常典型的企业情报在流通平台发生泄密的案例。对手看中采购部的原因，是因为任何公司的采购部门必然会知道公司内部的一些重大决策，而且还因为采购工作比较特殊，必须经常要和外界互动，在互动的过程中就会存在情报泄露的可能性。所以，贸易公司就把工作的重点针对了各企业的采购部。

6. 特意开办的"钢材贸易公司"，就是人为制造的"情报信息点"

通过以上案例，读者应该可以明了，只要适当降低价格、搞好人际关系，该贸易公司所到之处，竞争对手的有关情报就会自动被贸易公司截获。贸易公司的开设，达到了"情报信息点"的三个基本要求：一是通过贸易，能够接近对手；二是能够产出竞争对手的情报；三是通过贸易产生的情报，都在公司的掌控之中。

7. 要注意人际关系的沟通与联络

"某国留学生归国联谊会秘书长"，是这个案例中的关键一节——"人际关系的构建"。作为一个合格的企业情报工作者，在平时的工作中，应该想到哪些环节、哪些部门的重要人物，是与公司情报业务有关联的，就要注意平时的沟通与联络。不能到了需要的时候，到有了事情的时候再去找人。"临时抱佛脚"的做法一般都是要失败的，这在平时的生活中也是如此。

8. 要注意对亲朋好友的保密

"秘书长还详细地告诉我……"，这就说明，这位贸易公司主管的真实秘密也在流通平台上出了问题。他把自己贸易公司的秘密告诉了留学时的同学，同学又转告了我。可见情报人员自我掩护的能力，也是平日工作中不可忽视的细节。

9. 学者提问：接下去该怎么办？

我在讲授企业情报公开课的时候，在与学者的交流过程中，都不止一次的讲过这个案例。我的目的是提醒众多的企业情报的爱好者与学者，企业情报的搜集不是简单的网络资料的检索与搬家。

一位著名高校的学者在与我会后交流时称："这个案例使我明白，供应商的能力不只是简单的议价还价的功能，还很有可能就是我们竞争对手的眼线，这样的案例，在目前的教材中是看不到的。"

另一位对企业情报感兴趣的学者问我："当你掌握了这个贸易公司的真实情况之后，接下去怎么办？"我反问他一句："你说怎么办？是和他吵架、打架，还是与他断绝往来？或是去法院告他？"这位学者对我的反问，无法回答。

我对那位学者的解释是：首先，类似这样的案例，你是无法收集或者是很难搜集证据的，也就是证据的获取基本上是不可能的，上诉到法院也得不到支持的。

其次，在基于无法取证的前提下，对那家贸易公司应该继续周旋，表面上还是合作伙伴。你可以经常给他们一些虚假的信息，以获取他们供应的低价钢材。然后，你加价之后再转手卖出，借助"他在明，我在暗"的大好时机，利用他的廉价钢材为你服务，使他为你所用。

10. "及时解决"与"适时解决"

我又对那位学者讲，企业情报工作中的一个很大的要素就是搜集来的重要情报，应该及时上报、及时处理，这在企业情报工作中称之为"及时解决"；而反情报方面的事情在充分掌握了对手的动向之后，则要仔细观察对手的进一步发展后再决定以后的对策，这在企业情报工作中称之为"适时解决"。这是企业情报部门和工作人员必须遵循的一条工作原则。

控制"情报信息点"的目的就是,如果你手中一旦握有几个这样的"情报信息点",你的情报信息的来源就会源源不断地固定涌现,这就是本章"情报信息点的发现与搜集"的奥秘所在,精华所在。

第九章
情报搜集的谋略与提问

作者在实践中体会到,真正的企业情报高手,应该在掌握与运用"人际网络"、"三个平台"、"情报信息点"的基础上,学会运用谋略的方法、学会运用"提出问题、回答问题"的思维方式,来科学地运作企业情报的搜集工作,这才是企业情报工作者在情报搜集中的最高境界与最佳手段,这才是真正的企业情报的高手。

情报搜集的高级阶段,是利用谋略来搜集目标对象的情报信息,其表现形式是"提出问题,回答问题"。这是指,企业情报部门经过对目标对象的充分的调查研究,对社会现状的充分的分析把握,以及情报部门的精心研究和设计,从而提出一个精妙绝伦的、专为搜集情报而用的专用问题。使知情者面对着这个精彩的专用问题,能够自愿地回答问题、能够自愿地提供情报,能够自愿地提供他所知道的一切。这整个过程都是在知情者的自觉自愿中完成的,一切都是知情者的自我释放。

该问题的特点是:

1. 能够向社会公开推出、而且合情合理合法;

2. 能够让答题者为回答问题,自愿地去穷尽思维、搜索答案;

3. 能够让答题者在自愿的前提下,在不知不觉中,将其所掌握的、对本企业有用的情报信息,全部如数地自我释放出来;

4. 能够让旁观者在问题的实施过程中,随便怎样都察觉不了你的真正意图是在搜集情报,如醉五里雾中;

5. 能够让你合理合法地、如愿以偿地搜集到自己所需要的情报信息。

第一节　谋略情报的形成与特征

一、谋略情报的历史形成

谋略就是计谋策略或计策谋略,是人类用于筹划和指导对生产实践、科研活动、经济发展的一种艺术和方法,是人类进入一定历史阶段所创造出来的一种高级的思维活动和认识活动。

在我国历史上,谋略作为一种实践活动和理论认识,萌芽于夏商时代,形成于春秋战国时代。古代著名的《周易》、《老子》、《孙子兵法》、《孙膑兵法》、《吴起兵法》、《六韬》、《三略》、《武经七书》等著作,都生动地记载了谋略的运用和理论,成为当代谋略的经典教材。

谋略最早多用于军事情报和军事活动,随着时代的发展,社会的进步,谋略的内涵和外延亦在不断地扩大,已经逐步渗透到政治、经济、科技、文化和社会生活各个领域。随着企业情报工作的兴起,谋略也会当仁不让的,在企业情报的搜集中,起到十分重要的作用。

运用谋略搜集情报,不仅能运用于政治、军事和国家安全方面的情报搜集,同时也可以运用于企业情报方面的搜集。

谋略最早运用于企业情报的搜集,应该是从外资跨国企业及它们在我国开设的分公司和外国大型集团公司中的资深情报人员开始。这些跨国公司内的资深情报人员,有相当一部分原来就是其所在国家的政府情报部门,或者军事情报部门的退役人员,他们把谋略的手段,运用于企业情报的活动,也是很正常的。

二、谋略情报的工作特征

谋略为何能在企业情报的搜集中独树一帜,独领风骚呢?因为,谋略在企业情报搜集中的形成、发展和运用,有其独特的优势,研究和掌握谋略在企业情报搜集中的特征,对正确谋略和正确运用有着重要的意义。其主要的工作特征是:

1. 策划的谋略性。企业情报工作的实质,就是企业竞争双方的斗智斗谋,就是双方通过适当的谋略策划,合法地运用公开与非公开的手段与方法,虚虚实实、真真假假、虚实结合、真假结合,以迷惑对方,从而达到搜集情报的目的。

2. **方法的进攻性**。用谋略来搜集企业的竞争对手和目标对象的情报,必须树立主动进攻的思想。只有主动出击、主动进攻,才能掌握整个情报搜集过程中的主动性,才能有效地获取有价值的情报信息;只有主动出击、主动进攻,才能击垮对手,才能赢得更广阔的市场。同时,企业要防止机密外泄,也必须采取主动防范的措施,这也是主动进攻的一种方法。

3. **过程的隐蔽性**。在使用谋略搜集情报的过程中,其活动形式、方法、手段和目的,都是呈隐蔽状态的。在整个谋略的过程中,必须做到行动隐蔽、意图隐蔽,用公开合法的形式来掩护搜集情报的真相。没有任何一家企业在使用谋略方法去搜集竞争对手情报的时候,是打着锣鼓去向目标对象"宣战"的。

4. **结局的风险性**。运用谋略搜集情报的难度很大、要求较高、变化较多,风险和机遇并存,失败与成功同在。任何企业在谋略情报的搜集上,不可能百分之百地成功,企业情报部门一定要有风险意识,敢于承担风险责任。

5. **形式的多样性**。运用谋略情报的思维方式来搜集目标对象的情报信息,其主要的表现形式为精心选择对象,精心设计问题。但问题的表达方式可以多种多样。企业情报部门在谋略的筹组准备阶段,要认真策划问题,周密设计细节,严密部署过程,留有周旋余地,力争用最小的代价来换取最大的效果。在实施运用阶段,要胆大心细,运用得当,不露痕迹,不能让对手有一丝一毫的察觉。

6. **收获的全面性**。运用谋略搜集情报的最大优势,在于准备时间比较宽裕,行动比较主动,谋略的一方事先可以精心策划,精心准备,在充分了解与掌握对手情况的基础上，有针对性地提出谋略行动的方案，从而达到最佳的谋略效果。通过谋略行动，企业情报部门得到的情报信息既有宏观的，也有微观的；既有战略的，也有战术的；既有远期的，也有近期的。可以说是大面积、全面地收获竞争对手和目标对象的情报。

第二节　谋略情报的基本原则

通过谋略搜集竞争对手的情报，就是从客观存在的现实出发，在掌握大量的、真实的、客观材料的基础上，去筹划和运作情报搜集工作的一种"艺术"。1990年3月27日，时任国防部长的迟浩田在为《谋略》丛书作序时写道："随着人类社会的发展，竞争领域更加广阔和复杂，在许多领域，只靠对军事谋略的借用和阐发已远不能适应需要。通过借鉴和嫁接，在各行各业，各个层次范围形成各具特色的谋略群，是现代社会发展的必然趋势。"企业情报的谋略工作，就是在市场竞争的形势下应运而生的。

企业情报工作是现代企业管理的一个重要组成部分，也是企业生存发展的生命线。所以，情报工作的能否成功，事关企业生存。而要做好企业情报工作、谋略是必不可少的，因此，谋略情报直接关联到企业的命运。为了确保企业情报谋略工作的运用，为企业发展谋取利益，企业情报的谋略工作必须遵循以下一些基本原则：

一、谋略情报必须以企业利益为根本目的。企业情报工作的一切活动都是围绕企业发展、企业利益进行的，谋略活动是企业情报工作的锐利武器。在企业的经济活动中，凡是能通过情报谋略活动为企业取得利益的，企业情报部门都要积极创造条件，力争取得成功。

二、谋略情报必须在法律和政策许可的范围内活动。商场竞争激烈、情况复杂多变，谋略活动必须多方考虑，谨慎进行，防止授人以柄，伤害自己。

三、谋略情报必须贯彻积极主动和周密慎重的精神。谋略活动既能为企业获取巨大利益，但又存在着巨大的风险。必须采取积极而又慎重的态度，既不可不用、又不能滥用。对谋略的使用，要严格控制，慎之又慎，须报企业领导批准后才能进行。

四、谋略情报必须严格保密，确保谋略活动取得胜利。对谋略活动的设计、决策和运行的全过程，都要注意保密、严格监视，一旦泄露或被对方察觉，就会导致整个谋略行动的失败。

第三节　谋略情报的运用方式

企业情报的谋略活动，都要围绕情报的搜集、运用和处置来进行。在情报工作上，情报与反情报、谋略与反谋略的斗争，一直是十分激烈和复杂的。因此，对谋略情报的运用，必须采取多种形式和不同的策略，必须采取公开和秘密相结合等方法，才能取得更好的效果。常用的谋略方式除了"提出问题，回答问题"之外，还有：

一、在市场经济激烈竞争中，舍小利、求大利，以最小的代价获取竞争对手最有价值的情报。

二、通过多种形式，接近对方，巧妙周旋，加深感情，取得信任，获取目标对象的情报信息。

三、商场如战场，兵不厌诈。要在法律和政策允许的范围内，在与竞争对手的交往中，虚虚实实、真真假假、以假乱真、瞒天过海、迷惑对方，巧取情报。

四、针对竞争目标内掌握机密的人员，在调查研究、摸清情况的基础上，搞好关系，利用弱点，争取为己所用。

五、巧妙运用公开与秘密相结合的方法,或借助第三方力量,以取得本企业所需要的情报。

六、为了防止企业机密外泄,企业情报部门要主动采取防范措施,故布疑阵,设置圈套,欺骗对手,防止机密被窃。

以上是企业情报部门常用的几种谋略方式。由于市场比较复杂,千变万化,企业情报的谋略工作应根据不同目标、不同对象、不同情况,多谋善断,周密设计不同的谋略方案,以取得最佳效果。

案例一

通过"招聘管理人员",既获得人才又获得情报

这是某跨国公司设计的一个相当典型的通过谋略搜集情报信息的案例,其天衣无缝的安排,令作者拍案叫绝。可以这样说,这个谋略案例的设计者,若非经过一定的专业训练和长时间的企业情报实战体会,是完全不可能设计出这一方案的,也完全不可能达到这一境界的。我们来仔细解读这个案例。

一、招聘的对象

该公司从2000年开始,通过互联网刊登广告,不分地域地在全球招聘应届毕业的"市场营销"或"工商管理专业"的本科生和硕士生,并许诺给以相当优厚的经济待遇。

二、应聘的人数

据媒体的有关统计,从2000年到2004年止,光在中国区就有9万余人通过互联网进行应聘报名。

三、考试的形式

该公司规定:因为是全球招聘,故以国家和地区为单位,居住处邻近的每3个人为一个组,组成一个虚拟的公司。这3个人可以在经过商量之后,来共同回答招聘企业提出的问题。

四、考试的内容

考试的主要内容是演练企业的经营实战,其中有一个关键的问题是"竞争对手在经营中意想不到的情况",目的是考察应聘者的"实战应变"能力。

五、录用的人数

从2000年到2004年,应聘的人数是9万人,最后的录用数是168人,基本上是1/500的比例,这在当时的情况下,比报考公务员还难。

评析:

从表面上看,这是一次非常普通的招聘活动,但背后却埋藏着相当深奥的玄机,这是一个非常典型的用谋略搜集情报的精彩案例。

1. 了解我国的社会现状,熟悉我国的就业现状

我们都知道,现在的大学生与硕士生基本上都是独生子女。而这家跨国公司的薪酬相当不错,这在当时"外资企业属于香饽饽"的前提下,有这样一个好的应聘面试的机会,这些独生子女的父母都会为子女的就业去竭尽全力,这是一个很重要的前提。

2. 了解独生子女的现状,熟悉人际关系的现状

其次,要使这些尚未走出或者刚刚走出校门的学生来回答:"竞争对手在经营中意想不到的情况"此类问题,可以说,没有几个学生应聘者能够回答得出来。回答不出怎么办?这些学生的唯一期盼就是自己的父母,并期望由自己的父母再通过各种关系,去寻找与该公司同行业的朋友,请这些深知这类行业经营技巧的朋友,来告诉自己的子女如何在应聘考试中去回答"实战应变"的试题。

3. 了解我国的法律法规，知晓情报的辩证搜集

问题的关键在于，"竞争对手在经营中意想不到的情况"这类问题的提出，根本不会触及我国现有法律法规的红线，完全是合理合法地在举行招聘考试。而且，此类问题回答的内容可以相当丰富，相当广泛，完全可以让应聘者在回答问题时穷尽思维，穷尽智慧，竭力配合。

当然，招聘单位也完全可以从多种角度来提问题，甚至可以明确提出竞争对手的一些关键问题让应聘者来回答。但是，如果这样来提出问题的话，会存在下列弊病：首先是应聘者无法灵活运用，不敢大胆回答问题；其次，如果被竞争对手知晓，会引起法律上的纠纷。

而像现在这样模棱两可的、朦朦胧胧的提法，使应聘者会产生两种不同的感觉。第一种感觉是：明显地意识到，招聘企业想要对手的情报信息，但是却在拐弯抹角地道出他们的本意，让应聘者自己去"由此及彼"地理解消化。从辩证的角度看，问题的提出者指的是"东"，而聪明的应聘者回答的应该是"西"。

第二种感觉是：应聘者完全稀里糊涂，在不知不觉中，自觉自愿地去提供他所知道的全部情报信息。目的就是为了被录用，证明自己能够适应"实战演练"。从辩证的角度看，招聘者的精明，对应了应聘者的笨拙。

此类精明的搜集对手情报的方法，与钢铁行业力拓案中"胡士泰"等人的笨拙手法，形成了极大的反差。

4. 了解招聘的工作流程，熟悉艺术的朦胧美感

方案的谋略设计者，事先已经对我们的招聘流程进行过相当仔细的考察，他们清楚地知道，利用这种让应聘者组成虚拟公司的

机会,来实践"提出问题,回答问题"的这种搜集情报的方法,既可以招聘到他们所需要的管理人员,同时也能搜集到一批相当可观的目标对象的情报,从而达到"一箭双雕"的目的。

我可以想象得出,谋略方案的设计提出者,对辩证法在情报搜集中的具体运用,对艺术中的朦胧美也有相当的爱好与造诣。

我还可以想象得出,当他的设计方案在公司通过的时候,当大批的应聘者通过考卷,把大量的情报信息向他们公司递送的时候,他正斜靠在办公室宽大的皮椅上,借着脚尖的轻轻用力,皮椅在原地悠闲地转着圈子。他正一口抽着雪茄、一口喝着咖啡,仿佛在朦胧中看见,公司的情报部门正在马不停蹄地整理着向他们源源不断飞来的目标对象的情报信息……美哉!这个时候,应该是方案策划者最大的享受。因为,成果出来了。

5. 了解民众百姓的消费习惯,开创企业情报的搜集典范

这些应聘的学生是否要支付考试等费用,我们的媒体上并没有报道这一类细节,作者也没有为此作进一步的考证。在当时的年代里,一般的应聘可能都要适当付一些费用的,以支付招聘单位的人工费用、考试费用等。

如果这家跨国公司再适当多收一点报考手续费的话,我估计应聘者更会蜂拥而至。因为,我们的家长和我们的学生都很可爱,他们普遍认为,收费越高的企业,信誉就越好,今后的前途就越是灿烂辉煌,这真是绝妙的一笔……既赚钱,又赚情报,还捎带赚了人情。

运用这种网络招聘的方法来获取大量企业所需要的情报,这是一种高明的、巧妙的谋略行动,一般不容易被识破。而且应聘者迫切想进

入企业工作,对提出的问题,都会详细回答。这种既不花钱,又能获取情报的手法,真是一大创举。2006年11月初,上海某报记者杨先生在采访我的时候,我为他解读了这个案例,并谈了我的看法。当我把案例讲完,办公室里足足安静了将近10秒钟左右,因为他在回味。而后,杨先生突然发出一阵高昂的笑声,他连声赞道:"高!实在是高!这是在应聘考试的烟幕掩护下,大范围的、大面积的合法地搜集竞争对手情报信息的高手。"

记者杨先生又以对我的采访内容,写了一篇《商业机密留神外泄,企业情报阴招见底》的报道。杨先生在文章中称:"现在的企业情报人员并未像好莱坞大片中的商业间谍那样,使用偷盗、窃听、跟踪、收买、派遣间谍等非法手段获取情报。通常,他们的策略和手段显得更合法、更公开,而多数国内企业对此防范意识不足,使企业的核心商业机密在不知不觉间便已'外泄'。"该篇文章见报后,被全国数百家经济类和管理类的网站转载,著名的牛津管理评论网站"世界经理人网"也全文予以转载。

读者可以试想一下,从2000年到2004年,一共有9万个人报名应聘,按照每3个人为一组的话,那就是3万个组,即3万个虚拟的公司。如果其中的1%,即300个虚拟的公司在答题中能够提供出一些有价值的情报,那么,这家跨国公司通过提出"招聘的问题",在情报上的收获简直不可言语。

作者认为,这家跨国公司在招聘的对象与时机上选择的恰到好处。由于这是一家全球知名的跨国公司,薪酬较高,故应聘者众多,但是录用的人员不会很多,就势必会形成极为激烈的竞争场面。大学应届毕业生及应届的硕士研究生,通常没有丰富的实际工作经验,如何才能确保自己"过关"呢?最有效的手段,就是向从事该行业的父母或亲朋请教"应对"策略。而他们的父母、亲朋为了他们能谋得高薪而前景上佳的职位,也愿意将自己所掌握的"机密"倾囊相授,中国人的亲情习惯历来如此,很难改变。

这些应聘者如果能得到亲朋好友在"答题"上的"赞助",会因此在"应变测试"中有"突出表现",自然也逃不过扮作"面试官"的跨国公司的企业情报收集人员的眼睛。"招聘"也就演变成为最集中收取"商业情报""盛宴"。许多同类企业的核心商业机密,往往就在这其间源源流向这个招聘单位,而他们自己尚在梦中,不知所以……

案例二

提出"广告整体策划"的问题

这是一家即将投产的大型饮料公司,高耸的办公大楼,浅橙色的外墙,在秋日蓝天的映照下,显得鲜明、简洁、有生气。整修一新的厂区绿化高低错落,布置得体。公司西南角的绿化丛中,掩映着一幢小巧的红瓦白墙的二层楼房,一条鹅卵石铺就的小径,弯弯曲曲地从公司的大门口开始,一直在银杏和香樟的掩映下延伸进去。楼房门口的"广告部"三个醒目的大字映入眼帘。实际上,这就是该公司的情报信息部。公司的情报信息主管王先生的对外身份,就是广告部部长。

小楼房的底层是一个小型的会议室,该公司今天下午2点将在此召开一次广告新闻发布会,拟在与会的十几家广告商中,挑选几家有实力的公司为自己做整体的广告策划。会议时间快到了,广告商已经基本到齐,正在三三两两地边喝咖啡边聊天。

"各位朋友,大家好!"广告部王部长笑容可掬地准时出现在会议室里。"今天请各位来此,是准备公司在开张之前,落实今年的广告宣传事宜。本公司今年的广告预算为600万元左右,要求是整体策划。具体的要求是——不管是荧屏广告、马路广告、还是建筑物广告或车身广告,在报价的同时,都要求有一份详细的文字说明交给我们广告部。"

"文字说明的主要内容是:你们的广告为何构思如此的内容与形式?你们为本公司设想的假设对手是谁?你们所做的广告在市场上的影响力,是否能够超出为我们假设的竞争对手?"

"为了印证你们的上述观点,你们必须提供假设对手的资金、设备、人员、产品价格、产品销售、销售范围、销售方式、生产成本、销售成本等数据。以此来证明你们的广告方案是有根有据的,是经过实地调查的;以此来证明你们的广告构思是有针对性的;以此来证明经过你们的广告宣传,本公司的销售及利润是能够超过我们对手的。"

"如果你们提供的各类数据准确无误,我们再追加10%的创意费用;如果到年底,按照你们的广告宣传,本公司利润可观的话,再追加20%的奖金。"

一个月之后,王先生如愿以偿地实现了自己预先制定的"一石二鸟"的计划:在落实公司广告业务的同时,又不费周折、不露痕迹地从中标的广告商那里取到了竞争对手的部分重要数据。

评析:

1. 要精心策划谋略方案的内容

这个案例充分说明了,饮料公司在谋略的运行过程中,丝毫没有暴露自己的真实意图与目的,而用佯攻来掩护主攻。显然,这个方案的推出,公司的情报部门是经过精心策划的。

因为,整体策划的广告费用是相当可观的,所以对广告经营者来说是极其诱人的。从而使他们有可能为了赢取巨额的广告费,而不惜抛弃老朋友、老客户,前来力争这个项目的投标与承接;其次，这家饮料公司提出的要广告商提供竞争对手的部分数据，从法律角度讲，也并无不妥，因为并不是非法获取；而且，他再三说明，要的只是假设对手的数据，说明是虚拟的，并不是真实的。当然，广告商与王先生双方都心知肚明，王先生要的是真实的竞争对手的各类真实的数据。

2. 要认真选择谋略作用的对象

要注意对象的选择，这家饮料公司对广告商的选择当然是经过精心策划的。他们所选择的对象，肯定是能够圆满回答问题的对象，也肯定是曾经为他们的竞争对手做过广告的对象。

作为一家有实力的饮料公司，他在广告发布会的召开之前，已经对广告公司做了充分的了解。他当然知道哪些广告公司曾经为他的竞争对手做过广告；哪些广告公司能够有条件了解到他所需要的竞争对手的情报；他也更加知道，哪些广告公司是拉过来作为这次招标陪衬对象的。

3. 要学会使用"借船出海"的方式

这个案例说明，企业情报的搜集，有相当的难度。因为，企业情报的活动必须在法律允许的范围之内，不能超出法律许可的半径。任何一家公司，要想全方位获得竞争对手情报的话，除了自己开动脑筋，周密设计方案外，而且还要借助第三方的智慧与力量，运用"借船出海"的思维方式，去了解你想要了解的情况，去搜集你想要搜集的情报。让知晓与掌握对手情报的第三方，把他所知道的情报全部自觉自愿地"自我释放"出来。

个别知情的广告商为了拿到这个有着巨额利润的项目，不惜抛出他的老东家、老客户，尽他所知，倾囊倒出。就如俗话所讲：生意场上只有永远的利润，而没有永远的朋友。

> **4. 要在谋略中掌握与运用艺术辩证法**
>
> 所谓的谋略方案，就是要掌握好辩证的问题。要把艺术辩证法中的"悲与乐"、"大与小"、"动与静""高与低"等各类方法融会贯通，用到企业情报工作中来。所以，作为一个优秀的企业情报工作者，在工作之余，如果有可能的话，还应该适当掌握一点基础的文学评论中的美学知识，以便把"谋略的内容"设计得完美无缺，无可挑剔。

上述两个案例，虽然主体不同、对象不同，但是却有着两个相似的共同点：

第一，都是通过知情的第三方来搜集竞争对手及目标对象的情报信息；

第二，第三方就是察觉了在被人利用，也不会把此事向外界的任何人透露，因为遭受的损失与己无关，这就是商场的冷酷。

第十章
企业情报的全员搜集

企业情报的全员搜集指的是企业经过慎重的考虑、反复的酝酿，筹组建立规范的企业情报体系。其目的是发动企业的各个部门、发动企业的全体员工，一起投入到企业的情报搜集中来，以完善市场经济条件下的、现代企业的"全员情报责任制"。

本书所讲的全员情报责任制，并不是像上世纪五六十年代的日本企业那样，要求外出的员工每人带个照相机，见到东西就拍、看见资料就抄的全员情报。这样的举动，很容易引起他人的介意和反感，其结果往往是适得其反。

要做好企业内部的员工全面参与情报的搜集,除了必须要有一套科学的激励措施配套外,还必须要有一套运转有序的组织体系与之相适应。

首先,企业情报部门要抽调或者指派专门的联络员,来负责联系企业各直属部门、各分公司与情报中心的联络工作;各直属部门与各分公司也要根据企业的实际情况,有专职或者兼职的人员来担任情报专员。这种"集中统一"的形式比较适合国有企业,比较适合财务权、经营权统一集中在总公司的企业。而对于经济相对独立的其他企业,则可以采用有各分公司自行成立"情报部门"的形式。

其次,联络员的主要工作是,在自己对口联系的部门或分公司,要起到搜集情报的业务指导作用;要起到协调工作、调剂情报的作用。

再次,部门或分公司的专职或兼职的情报专员要负责上情下达、下情上传,以及做好自己所在的部门或分公司的情报登记,以及一切事务性的工作。

上述组织体系的建立,一切都要根据企业自身的实际情况来灵活运用。如果说,有些分公司的人员多达数千人,那就不是简单的设一个情报专职人员就能解决问题的,而是要增设情报分中心了。总之,一切都要根据具体情况决定工作方针。

本书强调的以内部搜集为主的全员情报责任制,主要是通过三层体系的建立来达到有效的目的。

第一层体系是:鼓励员工在日常的工作交流中去全方位的发现和获取情报;

第二层体系是：鼓励员工在日常的工作中去察觉企业风险的萌芽，尽量把风险制止在萌芽之中，以避免形成危机，减少企业的经济损失。这在企业情报的分类内容中，称之为"预警性情报"；

第三层体系是：鼓励员工在日常的工作中多提合理化建议，以减少企业的开支，降低企业的成本，增加企业的利润。

第一节　企业全员情报

企业员工在日常的对外交流活动中，很可能接触到竞争对手或目标对象的有关人员，很容易在日常的交流之中发现有价值的情报信息。企业的员工，特别是大型企业的员工，少则数千，多则几万、十几万，如果通过他们的社会交往圈、亲戚朋友圈、娱乐休闲圈、学习进修圈再辐射出去，他们的社会接触面将成倍地增长。如果企业情报部门的工作得法，将员工们的积极性充分调动起来，将他们的社会接触面全面利用起来，各类情报信息将会通过不同的传播渠道、不同的传递方式，蜂拥到企业情报部门的办公桌上。企业情报部门为了做好这一工作，应该有条不紊地建立起内部的情报开发体系。

一、情报的搜集

要动员全体员工做好情报的搜集工作，首先要告诉员工知道搜集哪些情报。

1. **目标对象的研发情况**。我们企业的一些科研人员，由于工作的需要，可能经常在行业会议等场合与竞争对手的研发人员见面，只要稍加留心，有意识地做些工作，可能就会得到一些有价值的情报信息。

2. 目标对象的销售情况。在一般正常情况下，很多企业的第一线营销人员，为了工作的需要，经常会在销售场合与竞争对手的营销人员相遇，互相之间相当熟悉，有的甚至称兄道弟，关系非比一般。这对进一步了解对手企业的营销等情况十分有利。

3. 目标对象的管理情况。优秀的管理是企业良性发展的重要基础，作为企业的高管层，应设法在各类应酬的场合中，伺机了解对方的管理情况。

4. 目标对象的有用情况。全员情报责任制的最大优势就是，只要真正把员工动员起来，调动他们的积极因素。那么，所有他们能够接触到的竞争对手的各类信息，只要是对企业有用的，他们都会积极地去想办法、去搜集。

> **案例**
>
> **普通员工也会握有搜集重要情报的渠道**
>
> 2006年4月的一天，正直股票开盘之时，我的一位旧日朋友，目前是一家国有企业的普通工人，通过手机短信告我，"600848ST自仪"有摘帽的可能，要我赶快买进，估计会上涨很多，但是到底能涨多少，他并不清楚。
>
> 我当时就问他："此消息的来源是否可靠？"他回答："消息来源绝对可靠，但是我不能告诉你此信息来自何处，这是对方的唯一要求。"
>
> 可能是我长期从事侦察工作的原因吧，对这样不能甄别的信息，我不敢相信；其次，我的这位旧日朋友，又只是一位普通的工人而已，哪儿来的这么确实、能赚钱的信息，估计是"以讹传讹"吧，或许是别人在哄哄他的。所以，在此心理作用下，他所言的股票，我一股也没有购进。

一年过去了,冬去春来,大雁又归。到了 2007 年的 6 月份,时隔 14 个月左右,昔日的丑小鸭"ST 自仪"果然摘帽,名称也变为"自仪股份",其股价也从当时的 3.70 元左右,一跃而升为 19 元左右,翻了 5 倍多。

我这位可爱的朋友,在这股价令人皆大欢喜之日,连番来电催我,让我请客吃饭,并说:"就算你当时投资 1 万块钱,现在也有 5 万块了,短短的一年时间涨幅就达 500%,你应该请我吃饭了吧。请我吃一顿饭,花不了你多少钱吧?"

这时的我,就像小说书中描写的一样,心中打翻了五味瓶,什么味道都有。这时的我,才真正体会到,什么叫"打落牙齿往肚里咽"、"有苦说不出"。

没办法,虽然我一分钱没有赚,但也得请他吃饭。如果对他实话实说,因为你是一个普通工人,所以我不相信你的消息,那更是既不赚钱又得罪人。席间,这位朋友又告诉了我一个喜讯,他当时把这一消息,告诉了厂内很多同事,包括一些领导。因为当时股价比较低,很多人都购进不少,现在均盈利颇丰,大家都心存感激。企业为了激励他在这方面的能力,已经调动了他的工作。他现在已经从一个普通工人,调到部室里做白领了,专为企业做投资理财方面的业务。

评析:

一个平日里一点都不起眼的普通工人,在炒作股票的信息方面,却独具特色,使他周围的亲朋好友都得益匪浅,令企业领导也对他刮目相看。这个案例充分证明,在情报信息的搜集方面,就是在普通员工群里,也同样会蕴藏着巨大的能量,蕴藏着重要的情报渠道,就看你是不是能够眼睛向下,就看你会不会开掘。

二、情报的反搜集

2009年的7月,"力拓间谍门"案件,被各大媒体炒得沸沸扬扬,一时间,各大机关、各大企业都在抓紧学习并落实日常的反情报工作、保密工作等。实际上,情报的搜集与反搜集是一对联合体,在日常的工作中,不能偏向任何一方。只有重视企业情报的搜集,才能做好反情报工作的具体落实措施。

在企业情报工作上,只有懂得主动进攻,才会知晓如何去有效地防守。因为,你的进攻方位,也就是对方的防守重点。你的防守部位,也是竞争对手进攻的目标与方位。所以,企业反情报工作要具体落实下列事宜:

1. 要特别注意研发部门的技术保密。在一些高新技术企业,研发部门是企业的核心机密部门,也是竞争对手的重点进攻目标,企业情报部门要十分注意做好反情报、反窃密工作。上海外高桥保税区某外资企业、山东某上市公司在这个方面就做得比较完善。这两家公司把保密重点均放在研发部门,他们制定了切实可行的措施,除了研发部门的一把手之外,本部室的研究人员互相之间都不清楚对方的研发内容,更拿不到成套的研发资料、技术图纸等,这就为企业的反情报工作把好了第一关。

2. 要注意关键岗位、关键人员的保密教育与措施。从"力拓间谍门"的案件来分析,泄密的人员有些是我企业内部参与铁矿石谈判的关键人员,有些是企业内部能够接触到谈判实际内容的人员,如果对这些人员没有一定的保密教育与纪律措施,企业的反情报工作的落实只能是"水中月,镜中花"。

在搜集对方情报的时候,要学会利用"爱交际的人"、"知道线索的人"、"掌握情报的人",同样,我们在开展反情报工作的时候,也要防止我们内部的这三类人员被竞争对手利用。同时,对企业内部的财务、采购、营销、研发等要害岗位的数据,也要有妥善的保管办法。

3. 要注意通讯器材及电子设备的保密。要注意企业局域网的防火墙设置;要制定电脑主机上U盘插口的只许进不许出等措施;大型企业还应定期请所在地的国家保密部门上门指导工作等。

4. 建立和健全企业内部的保密制度。员工们始终都处在企业的各个职能部门、各种生产岗位的第一线,他们的实践经验相当丰富,他们对企业的情况也相当了解。情报部门要通过加强保密教育,使员工们清楚了解到,企业中的哪些部门、哪些方面是保密的重点;企业中的哪些工艺、哪些技术、哪些文件是不能外泄的商业秘密。使每个员工既是搜集情报的高手,同时也是反情报和保密工作的重要依靠力量。

第二节 企业风险防范

我们企业的员工在平时日常的生产活动中,只要稍加注意,就很容易发现企业里出现的风险因素的萌芽。企业情报部门要把风险防范纳入自己的视线,以便及时向企业领导层发出预警性的情报信息,这是全员情报责任制的第二层体系。

全员情报责任制的建立,就是要求企业各个部门、各个岗位的干部和员工,从自己所在的岗位着眼,从自己所做的工作着手。除了情报的搜集与反搜集之外,还应该注意,如果自己的工作稍有不慎,是否会给企业带来风险?是否会酿成产生危机的萌芽?

譬如说,采购部门应防止不要购进"山寨版"的各类产品;财务部门应该注意应收账款的及时回笼;研发部门要注意产品试制过程的全部保密;生产安全部门要注意易燃易爆物品的随时检查;人力资源部门要注意辞退与跳槽人员是否携走机密;售后服务部门要警觉因产品质量问题而引发的消费者上访;党委、工会等部门要有处置企业内部的突发性群体事件的预案。

情报工作的特征之一就是预警性,企业情报部门不但要着眼于竞争对手或目标对象的情报搜集,也要时刻警觉因企业内部各类矛盾的激化,导致风险演变成危机的可能。因为,预警是企业情报工作者当仁不让的职责之一。

一、风险防范的三个系统

要做好风险的防范工作,关键是要建立好三道防线。这三道防线是:

1. **预警系统的防线。不善于风险的预警,就看不到危机的来临**

在现代企业中,情报信息的预警性主要体现在对风险和各类事故的预知,企业应设立风险预警系统。各部门应通过情报信息的形式,把各类风险的预兆,统一上报到企业情报部门,以便企业的领导层视情部署、及时处理。从而把风险和事故的苗子处置在萌芽之中,防止因风险处置不当而转化为危机。

企业风险防范的意识应该贯穿于企业的全部员工,企业风险防范的措施应该落实到企业全部员工,包括企业的高层。每个人的岗位责任制里都要有风险防范的内容。

(1) 企业高层的风险意识。企业高层的社交范围远远大于一般员工,他们的社交层次也远远高于一般员工。所以,不管从什么角度讲,企业高层得到的有关企业风险的信息,也应该远远高于企业的员工。他们对竞争对手新产品的诞生、他们对竞争环境的急剧变化,他们对错误决策会导致什么样的后果,应该比普通员工知道得更早、更清楚、更全面。所以,企业情报部门的主管,要把高层所掌握的风险信息全部收集归拢。

(2) 企业白领们的风险意识。为了有效地防止风险的发生,企业各职能部门,如研发、财务、采购、设计、营销、安全、售后、生产、人事、工会、妇联等,都应该根据各自工作的特点,制定有效的信息采集和风险防范的落实措施。

2. 处理系统的防线。不善于危机的处理,危机就会无情蔓延

危机的处理一般应该分为内外两个部分。一是对外部分,是因为产品质量等问题而引起的消费者上访,关系户投诉、索赔等方面的风险事宜;二是对内部分,大都是因为企业没有处理好劳资关系,而引起的工人罢工、上访或者是因为生产事故等引起的群体性事件。这两部分的风险性质不同,企业应该根据自己所在地区的不同情况,制定不同的危机处理预案。

3. 公关系统的防线。不善于危机的公关,就会陷入负面报道的无底深渊

一旦危机发生,企业必须要有一支训练有素的公关队伍,以妥善应对企业将面临的各类不同的质询。如消费者的质询、客户的质询、供应商的质询、媒体的质询及政府部门的质询等。不同的方面会有不同的质询内容,企业应未雨绸缪,做好各种预案。

企业一旦风险来临,你的客户、消费者、供应商等上下游关系户都会提出各种各样的问题要你处理。有催款的、有退货的、有要求停止合同执行的等,媒体也会紧追逼问,让你无从回答……

形形色色的爆料人会让开放的媒体载满稀奇古怪的新闻……

如果是一个有影响的大企业,境外媒体也会穷追不舍,让你措手不及……

行业协会、政府有关部门也会提出种种问题……

我们常说的"未雨绸缪",就是说在企业正常运转的时候,就要考虑到风险的存在与来临,就要组建好公关系统的人员配备。一般说来,公关系统的组建主要涉及下列方面:

(1) 对政府部门的公关。要向政府有关部门解释清楚,风险是一时的,企业有能力、有实力应付各类风险,能马上恢复正常,使政府部门得以放心。这类公关人员应有企业高层担任。

(2) 对行业协会的公关。行业协会提出的问题,大都会涉及技术与业务方面的内容。这类公关人员一般应有企业的高级技术人员来担任,以免在技术问题上的答非所问,洋相百出。

(3) 对媒体的公关。我们的媒体,特别是一些非主流媒体,比较偏爱这类题材新闻的传播,以吸引读者的关注。对这类媒体的公关,应挑选一些了解全面情况、能说会道、长袖善舞的人员。

(4) 对消费者的公关。如果是企业的产品质量出了问题而引起风险的话,就要考虑可能会出现多种表现形式的风险。譬如:铺天盖地的媒体报道、消费者上访、群体性聚会直至闹事。对因产品质量问题而引起的、涉及的群体性上访事件,企业一定要注意把握,应该在尊重事实的基础上,做好消费者的思想疏导工作,并妥善处置产品的理赔等应急工作,勇敢地面对消费者,耐心解释。而不应采取逃避、回避等消极办法。

(5) 做好供应商等协作企业的公关。企业一旦风险来临,将会涉及企业方方面面的关系户,在处理中稍有不慎,将会后患无穷。因此,对企业的关系户,应有本企业的对口部门去处理、去公关。避免说外行话,从而导致风险的加剧。

(6) 加强情报工作的力度。在公关的同时,企业情报部门应加大与加强情报信息工作的力度,要把企业内外和风险有关的即时信息全部收集,及时上报,便于企业的高层应对客观事实,做出正确的决策。

案例一

某日资企业因劳资纠纷引发工人罢工

我的朋友周先生在一家外资企业当法律顾问。2008年秋季,他给我来电称,某省一外资企业,因劳资双方矛盾,工人已举行罢工。事态已经发展的较为严重,外方也不敢回工厂,工厂停工一天的损失高达50万元人民币。周先生受总公司的委托,将赴该省为外方做法律方面的咨询,并请我一起同往,以协助解决工人罢工这一群体性的棘手事件。

到达该外资公司的所在地后,我通过一定的渠道,约访了该公司的一位重要人物,做情况的初步了解。他告诉我,事情的起因主要是为了加薪。因为报纸上登了,国有企业都在准备加薪了,而外企却没有考虑。工人提出要求每人每月增加400元,经过工会的努力,但资方只同意加薪200元,离工人的要求太远,造成了罢工。同时,有个别参与组织罢工的人员,想通过这次罢工,进入工会的领导层,故想把事态进一步扩大。我又用了几天时间,与聚集在厂区附近的市民谈话聊天,基本上摸清了罢工的情况和原因。

第四天,我在朋友的陪同下,正式与外方见面,向他们提出了如下建议:

第一,要向员工讲清楚公司目前的经济处境,并告诉他们,员工的待遇要随企业的发展而发展,不能一味攀比。如觉得本公司待遇太差,可以自行辞职;

第二,与现任的工会领导班子协商,由工会出面颁布结束罢工的布告；

第三，马上与当地政府有关部门沟通，求得政府的支持；

第四，至于工会的选举，也不用害怕，工人心中自有一杆秤，上级工会也不会坐视不管的；

第五，平时要关心一线工人的生活，尽可能地帮助他们解决困难，要建立一种符合中国特色的企业文化制度。

这是一起因加薪而引起的劳资纠纷，随后演变为企业的风险，最终导致发生工人罢工。从风险防范的角度讲，这家外资企业存在着很大的缺陷。

一是没有风险的预警系统。工人在酝酿罢工的时候，工会就应该及时察觉，及时搜集反映，及时与工人沟通，并及时向高层汇报，力争把罢工一事处理与制止在萌芽之中。但是，工会没有做到。

二是没有风险的处理系统。事件发生之后，整个公司基本上处于瘫痪状态，投资方天天住在宾馆里不敢露面，工人也不上班，而部室管理人员似局外人一样，每天照常去办公室，泡上一杯茶闲聊。

三是没有风险的公关系统。这家外资企业面临着这样的群体性事件，束手无策。既不知道发挥中方管理人员的作用，也不知道去找当地政府部门寻求咨询和支持，更没有合适的人选去与工人对话，整个局面相当被动。

任何企业要避免风险的发生，避免将风险转化成危机，一定要充分发挥情报部门的作用。情报信息系统的预警作用，对企业的风险预知、风险防范尤为重要。

案例二

河南问题汽油烧坏上万辆车
中石化一度不认错 昨日终于90度鞠躬道歉

自2010年3月中下旬,河南省安阳、新乡等城市4S店接到大批送修车辆,这些故障车辆轻则加油不顺、冒黑烟、尾气刺鼻,重则无法启动、零件损坏。车主和4S店将车辆故障的矛头直指中石化销售的93号乙醇汽油。

昨天,"问题油"有了定论,中石化承认"这是一起严重质量事件"。

一、加完油后车子"抖"了起来 河南万辆轿车"因油"趴下

今年以来,河南省的一些汽车患上了"车瘟"。

家住郑州的安先生,去年12月份买了辆海马汽车。清明节期间他开车回了趟老家南阳,返回郑州时在南阳的加油站加了150元的汽油,汽油用到一半的时候感觉车子加速时无力,发动机和车子还发生明显的抖动。

随后,有越来越多的同类"病征"车辆被送来维修。

4月15日早晨,有愤怒的车主甚至要求中石化买下其受损的一辆价值10万元左右的汽车。

这批故障车辆表现出类似的症状:发动机声音刺耳,部分部件被腐蚀,车辆抖动,排气管喷出红色浑浊液体,严重的会出现死火现象。

同样的情况在河南省的新乡市、焦作市相继出现。问题汽车涉及到了一汽大众、北京现代、上海大众、奇瑞汽车、东风日产、上汽通用、广汽本田和东风本田等多个品牌,已经影响到上万辆汽车。

二、4S店说 锰含量超标98倍

巧合的是，同类故障车辆都使用了中石化93号汽油。

新乡市北京现代4S店售后部说，从故障车的表征上看，排气管排出液体颜色异常，正常车辆排出的液体应该呈透明或淡黄色，而这些故障车排出的液体都呈现红色、绿色甚至黑色，故障车油耗明显增加。

4S店维修技术人员，逐步排除了车辆本身的质量问题。电脑的监控情况显示，故障车用的93号汽油是不达标的。4S店方的调查结果，将问题的源头指向了汽油。

新乡市北京现代4S店售后部经理李鸿昱说，北京现代总部的检验结果是：送检的样本汽油中锰含量大幅超标。送检的样品汽油中，锰含量超过9.8‰，超标98倍。严重超标的锰造成发动机内活塞连杆、活塞环等部件的严重腐蚀。

三、当初回应：是车不适应油 不是油的问题

河南省是乙醇汽油示范推广省份，安阳市市面上出售的主要是燃料乙醇掺混量为10%的汽油。

中石化安阳分公司4月初声明说：国Ⅱ乙醇汽油向国Ⅲ乙醇汽油过渡期间，车辆出现问题是正常现象。

此后，中石化安阳分公司下达统一的油费和清洗费理赔决定，前提条件是"拿发票或加油卡登记，无卡无发票不理赔"。"不存在维修费用，造成车辆损坏绝对不是汽油的问题，不理赔车辆损坏的维修费。"中石化安阳分公司曾这样回应。受访车主和4S店经营者纷纷表示，不能接受中石化的解释。

四、原来油品真的有问题 三人被停职正在善后

昨天，中石化公布了93号问题乙醇汽油调查结果。

调查结果说,确定这批次油品溶剂洗胶质和锰含量超过国家规定标准,判定为不合格产品。

昨天的新闻沟通会上,中石化河南石油分公司总经理田中山,面向会场,致以90度的深鞠躬。目前,中石化安阳分公司经理梁荣泉、副经理郭建一、安阳油库主任侯晓峰停职处理,配合、接受纪检监察部门调查。中石化承诺,妥善处理故障车辆善后问题,半个月内补偿完毕。

——摘自2010年4月28日《新闻晚报》

评析:

从企业情报的角度讲,这个案例说明了以下几个问题:

一、该公司没有一个完善的风险预警系统

这个事故说明,中石化河南石油分公司没有一个完善的、科学的企业情报部门。从而也就不可能有一个完善的风险预警系统,所以就无法预知93号乙醇汽油有问题,故导致了这一危机的发生。

二、该公司没有一个完善的风险公关系统

事故初露端倪后,该公司不是采取积极有效的措施来应对消费者,而是采用消极的搪塞的态度,即国Ⅱ乙醇汽油向国Ⅲ乙醇汽油过渡期间,车辆出现问题是正常现象;其次,不存在维修费用,造成车辆损坏绝对不是汽油的问题,不理赔车辆损坏的维修费。

中石化这种对待消费者的态度,说明了他们没有一个运转正常的风险公关系统,没有一个正确的应对风险的公关预案。

三、该公司没有一个完善的风险处理系统

仅仅一个月不到的时间,中石化的态度有了一个180度的大转变,从强调"是车不适应油,不是油的问题",到承认油品有问题,

> 同意赔偿，调查相关人员，并向用户一个深深的 90 度的鞠躬。这种自我嘲讽的喜剧，说明了该公司也没有一个科学的风险处理系统。
>
> 四、风险到危机只有一步之遥
>
> 按照目前的媒体报道，如果确实有将近万辆故障汽车的话，按照每辆支出 1 000 元的维修与赔偿费用来计算，中石化河南石油公司这次就将支出将近 1 000 万元人民币的赔偿款。如果说，还有人员会因此锒铛入狱的话，正是一个不该发生的危机与悲剧。
>
> 作者为此感叹的是，我们的国有企业为何会如此轻视情报工作呢？

第三节 员工合理化建议

企业应大力发动全体员工，鼓励他们通过生产实践的摸索，提倡技术革新，提倡合理化建议。这些合理化的建议，都是提高企业经济效益、降低生产成本的情报信息。

企业情报不同与间谍情报，企业情报的搜集也不能总是把目标对准竞争对手企业的文件柜、保密箱。搜集竞争对手的情报固然重要，但这只是企业情报工作中的一部分内容。企业应当把员工的积极性充分发挥出来，调动他们提供合理化建议的主观能动性，制定合理的激励措施，从而降低企业的生产成本、提高企业的经济效益，这也应该是企业情报部门的职责之一。

一、合理化建议的内容

作为企业来讲,只要是在合法的条件下,能够降低成本、增加利润的项目、建议、信息等,都应该将其归纳到企业情报工作的这个范畴中来。

1. **降低生产成本,增加企业利润。**员工在企业生产的第一线,他们对企业的很多生产程序、操作流程等,都有较强的实际经验。他们知道在哪些操作程序上作进一步的改进,就可以为企业节约开支、降低成本、增加利润。

2. **注意防火防盗,加强生产安全。**有很多企业,特别是化工企业,如不注意防火,引起火灾,将给企业带来巨大的损失,甚至是灭顶之灾;同样,现代化的企业,如果不注意内外防盗,也会带来不小的损失。

由于企业的规模、行业、所有制的不同,在合理化建议的理解上也有不同的标准,一切按照实际的需要来制定。

二、合理化建议的操作

我们的企业员工在生产第一线,他们对生产流程中哪些是可以开源节流的,哪些是可以通过技术改造提高效益的部位,基本上一清二楚。其次,企业的安保人员,在日常工作中,也会发现很多本企业要注意加强保密,防止窃密的盲点。

只要我们企业的管理层能真正认识到:加强企业情报工作,加强合理化建议的倡导,加强企业风险的防范,加强企业的反情报工作,是企业生存的需要,是企业创新的需要,是企业持续发展的需要。企业的管理层就一定能够注意与把握好工作方式与方法,就一定能够把全体员工的积极性调动起来,真正形成全员的情报氛围。

　　对企业员工提出的合理化建议,不管暂时是否能够行得通做得到,我们的管理层都应小心呵护,要制定出有效的激励措施,对员工予以鼓励。如果合理化建议采纳实施后,产生了经济效益,企业应该根据自己的实际状况,采取精神奖励与物质奖励相结合的措施,以保护员工的积极性。因为,员工能够这样以主人翁的态度来对待企业,确实来之不易。我们的管理层如果有合适的激励措施,员工们会竭尽全力为企业增砖添瓦。反之,如果措施不当,不但会给企业带来负面影响,也会极大地挫伤员工的积极性,产生副作用,形成恶性循环。下面请读者看一个引人深思的案例。

案例

盗窃集团是这样形成的

　　据《上海法制报》报道:已有将近70年历史的某某厂坐落于我国某市,是国家500强企业和全国18个大型化工生产基地之一,曾被誉为"中国化学工业的摇篮"。1969年出生的程某,曾经是这个厂里的先进生产者,获得过企业"十佳青年"、某某省"五一劳动奖章"。1997年,他所在的班组还获得了全国"五一劳动奖状"。

　　但是,自2002年3月18日至2006年1月2日,以程某为首的20多人,在企业内作案近百余起,共盗窃本单位环氧丙烷和聚醚3500余吨,价值3900多万元。这伙窃贼将盗窃的产品销售到山东、湖北、河北、天津等地,然后根据每名成员在作案中所起的作用进行分赃,每人每次所得赃款少则数千元,最高可达到15万元。

　　是什么原因使一位先进生产者沦为窃贼的呢?

　　浪费没人心疼,催生内盗歹念。

　　令人匪夷所思的是,在案件审理中,这伙人竟然都认为偷出来的东西是他们的"劳动所得"。一个作案者说:"我们拉出的环氧丙烷都是余料,这些东西即使我们不偷,企业也白白浪费掉了。"

这究竟是怎么回事? 原来,这个厂通过引进先进技术后,近年来生产环氧丙烷所用的原料——丙烯的消耗量逐年降低,而对于节省下的这部分原料却一直缺乏有效管理。程某发现,只要对丙烯回收装置的尾气排放进行控制,就可降低丙烯消耗,获得超过公司计划的"余量"。

当时,他问过企业有关负责人:"我们超额完成生产计划,能不能多发点奖金?"得到的回答是:"我没有这个权力。"于是他便纠集一伙人,自己来行使分配余量的"权力"。

案发后,这个厂证实,只要开好丙烯回收装置,每年多回收丙烯是可能的,厂方也曾经为此做过努力。但是,2000年这个厂因为尾气中含氧超标引起尾气回收装置爆炸。从那以后,厂方对尾气排放的要求和考核就放松了。车间是否多回收了丙烯,多回收多少,只有车间自己明白,而企业领导并不知情。

这就造成了这样一种奇怪的局面:

一方面,职工超额完成产量的积极性得不到鼓励;另一方面,节能回收装置长期得不到有效利用。大量的环氧丙烷随着尾气排放消耗掉了。

几名犯罪嫌疑人在受审时都表达了相同的意思:"企业浪费这么大没人心疼,我们提出的合理化建议又得不到领导的重视。不拿白不拿,拿一点也是他们为企业超额生产应得的回报。"企业为了增产降耗而引进的先进装置,就这样成了窃贼作案的"货源"。

自己的行为已经构成了犯罪,对这一点程某也不是不知道。不久前法院对这个犯罪团伙做出了宣判,首犯程某因职务侵占罪被判处有期徒刑10年,程某没有上诉。

评析:

我从企业情报的角度出发,对这个案例,谈一点个人看法。

1. 企业领导不应该忽略员工的合理化建议

如果当时程某在向企业有关负责人询问"我们超额完成生产计划,能不能多发点奖金"的时候,假设该厂当时已经建立了完善的企业情报体系,而且已经把员工的合理化建议纳入到企业情报体系中来,假设该厂当时对员工的合理化建议,已经有了正确的反馈制度与措施,那么程某等人的结局恐怕就不是报纸所报道的内容了。

实际上,程某等在生产第一线的员工,他们最清楚如何通过回收装置来节约原材料了。可是,这样一个合理化建议却被领导忽视了。

2. 对合理化建议要有相应的配套奖励措施

《上海法制报》所报道的是,程某一伙所盗窃的企业材料高达3 900万元左右,如果企业采用了他的合理化建议,并将节约金额的10%—30%左右用以奖励的话,那对全厂员工积极性的调动,将会起到不可言喻的巨大的推进作用啊!

以上案例告诉我们,如果上述三条体系能够在我们的企业正常运转的话,能给企业带来相当良好的经济效益。

这就是本书所倡导的全员情报制的三条体系的基本内容。

据此,作者再次建议:从企业的角度讲,只要是能够"降低生产成本,增加经济效益,避免风险危机"的各类信息都应该纳入到"全员情报责任制"的范畴中来。

第十一章
企业情报的人员管理

如何挑选与培养在企业内部专职从事情报工作的人员，是一项及其严肃与认真的工作。因为情报工作有其一定的特殊性，所以对从事企业情报工作的人员来讲，除必须熟悉企业的业务外，也要具备工作方式方法的灵活性，同时又必须兼有对企业绝对的忠诚性，三者必须同时具备，方能胜任这一工作。所以，建议企业的情报人员，除了是刚从高校毕业的学生之外，最好是从本企业的员工和干部中进行挑选，尽量避免到社会上去招聘。

第一节　情报人员的基本要求

企业情报工作是一项特殊的工作,有着特殊的工作性质、工作过程和工作方法。所以,这些工作上的特殊性,必然决定了对企业情报人员有着特殊的要求。

一、思想素质要好

1. 遵守法律。企业情报人员在任何场合、任何情况下都必须在法律与法规的范围内活动,因为企业情报是阳光下的工作。

2. 忠于企业。情报人员一旦开始从事此项工作,就必须绝对忠实于自己的企业,就算今后在本企业内调换工作,或者跳槽另谋高就,也必须对原有的工作内容守口如瓶。

3. 服从领导。由于情报工作的特殊性,企业情报工作人员经常会单独外出工作,搜集情报,要注意任何时候都不能擅自做主,要始终按照既定的原则办事,要注意及时请示汇报;因为,情报工作是"牵一发而动全身"的大事。

二、业务素质要强

业务素质是衡量企业情报人员是否具备从事这一工作的基础,这里的业务有两种含义：一是指搜集情报的日常业务,二是指企业工作的基本业务。

1. 应熟悉与了解与企业情报有关的法律法规。要熟悉"商业秘密不可侵犯"等相关的法律法规,以减少在工作中可能产生的负面效应。

2. 应精通与了解对情报搜集工作的业务知识。要熟悉企业情报搜集与反搜集的基本方式;熟悉企业情报的整理、分析、汇总、编报等基本方法;增强反情报意识,增强对经济间谍的防范与识别能力;扩大与丰富自己的知识面,并从中吸取有益的养分。

3. 应掌握及熟悉法律允许使用的各类器材。在企业情报的搜集过程中,法律所允许使用的一切高科技的情报搜集的器材,都要会熟练运用。事先要经过检查,以避免在使用过程中出现故障,招致麻烦。

4. 要掌握本企业产品的基本情况。要熟悉企业产品的基本性能;知道企业产品的大致种类;了解企业产品在全国及全球的销售情况;明了企业的基本业务知识。不了解与不熟悉企业产品的基本情况,是很难做好情报工作的。

三、文化素质要高

文化素质是企业情报人员的基本素质之一,是做好情报搜集工作的重要基础。在目前市场经济的条件下,没有一定的文化程度,是很难适应这一工作的。

1. 要有较高的文化程度,广泛的科学知识。企业情报的搜集是巧取,而不是豪夺。在激烈的市场竞争中,企业的目标对象、竞争对手,他们的保密工作与反情报工作也会越来越缜密,越来越细致。所以,作为企业情报人员必须掌握广泛的、多学科的知识,方能在竞争双方的谋略对抗中获胜、方能在巧取中获胜。

2. 要有丰富的社会知识,熟练的公关技巧。 为什么对企业情报人员有着如此高的要求?这是因为与他们的工作难度和接触人员的广度紧密相关的。他们面对的是对象复杂、任务繁重、工作艰苦的特殊局面。由于这一工作的特殊性,从而决定了情报人员的知识结构必须多元性。他们必须具有丰富的社会知识面,以及熟练的公关技巧,方能在复杂的局面中游刃有余,这是企业情报人员开展情报搜集工作的重要条件之一。

情报工作的复杂性与艰难性体现在:

(1) 接触广泛。作为一个企业的情报人员,要面对的既有现实的竞争对手,也有潜在的竞争对手,还有供应商在原料上的反复纠缠,更有重要客户的议价还价,还有替代品生产商的抢占市场等多重对手。在这些对手的身上,都可能有着你所需的情报。所以,企业情报人员必须学会与掌握同各类人员打交道的技巧。

(2) 任务艰巨。作为一个企业的情报人员,要获取的是目标对象的科研开发情况、产品销售情况、企业生产情况、人力资源情况等诸多情报信息,这是一个相当艰巨的任务,而且要合理合法的去完成。从这个意义上来讲,企业情报人员的工作难度,甚至超过西方国家的特工人员,法律法规不会向你敞开特殊的方便之门,只有靠自己的努力。

(3) 各方公关。作为一个企业的情报人员,要接触与公关的对象是不同层次的人物,不同国籍的客户,不同性格的对象,不同文化背景的人员,不同宗教信仰的对手等。每次面对的工作对象,在时间与空间上都是不可复制的。这些不同的工作对象、工作条件,决定了情报人员必须具有较高的文化素质,以应对公关任务的复杂性、多样性与艰巨性。

四、工作能力要强

特殊的工作能力是企业情报人员完成任务、获取情报的必备条件，也是考核与衡量企业情报人员是否能胜任这项工作的标准。企业情报人员的工作，不同于企业的其他一般工作。在搜集情报的过程中，既有企业工作的公开性，也具有情报工作的隐秘性，是一个公开与隐秘相结合的极具挑战意义的工作岗位。所以，特殊的工作，决定了情报人员必须具有特殊的工作能力：

1. 灵活交际的公关能力。企业情报人员需要同各式各样的掌握竞争对手情报信息的人物打交道。在这些人员里面，除了竞争对手企业的人员之外，还有竞争对手的各类关系户等。作为一个优秀的企业情报人员，在众多的交际场合，应该注意掩饰自己的真实意图，注意交际的方式与技巧，注意交友的形式与策略。

2. 捕捉信息的嗅觉能力。情报工作主要是善于在各种不同的场合、面对各种不同的人员，能够及时、准确地捕捉各种有价值的信息。企业情报人员应该具有敏锐的嗅觉力和观察力，应该善于在人际交往的过程中，识"信息"，抓"情报"，捕"商机"，防"泄密"。

3. 分析判断的科学能力。市场经济错综复杂，工作对象良莠不齐，真真假假、虚虚实实的海量信息，像潮水似的蜂拥而至。面对这变幻莫测的局面，面对这复杂多变的人员，情报人员要保持冷静的头脑，善于正确地分析，以做出准确的判断。

4. 快速反应的工作能力。情报工作事关企业的决策与判断，责任重大，情报人员一定要有快速反应的工作能力。企业情报的时效性，就落实在情报人员的反应能力上。对于重大的情报信息，既要及时搜集,又要及时传递,使情报信息的作用得到充分发挥。

5. 举一反三的思维能力。企业情报人员在搜集情报的过程中,要善于运用举一反三、"由此及彼、由表及里"的思维方式,去思考与推断各类问题。

第二节　情报人员的公关要求

一、必须有灵活的人际交往能力

2007年初,在上海市有关部委的组织与领导下,本市部分高新技术企业就情报问题召开了数次座谈会,并进行了企业情报工作方面的问卷调查。与会的企业代表对情报人员必须具有灵活的人际交往能力这一点,都共同认可。认同的比例高达96%。

作为一个合格的企业情报工作者,在从事人际网络的构建,搜集目标对象情报的时候,会遇到各种不同类型的人员,他们中有当领导的,有第一线做工的,有知识型的,也有娱乐圈的……

总之,为了情报搜集的需要,既要能够同"阳春白雪"们舞文弄墨、吟诗作赋,也应该善于和"下里巴人"们大碗喝酒、大块吃肉。只要是企业情报工作的需要,任何有关的地方、任何有关的人员,都要有初步接触的可能和进一步沟通与发展的能力。

二、必须有"动静结合"的性格特征

情报人员的性格特征很有讲究,必须尽力寻找其性格特征是"内外向"结合的人员,"内外兼修"这是对情报人员的特殊需要。

静：在思考一个重大情报工作的计划与步骤时,要能够静得下、坐得住;在与人交往、聊天、谈话的时候,要学会掌握谈话技巧、要能够适应对方的谈话方式、要始终能够把握好谈话的节奏和主题。

动：作为企业情报人员,要善于到陌生的环境中去与陌生的人打交道,交朋友。当确定任务以后,就要很快适应环境,善于交际,开始工作,了解情况获取情报。这时候,一个具有外向型性格特征的企业情报人员,是做好企业情报工作的有利条件。要使对方感到,你是一个可以信赖的、可以托付的朋友,也是一个可以与你讲知心话的朋友。

总之,情报人员要能够修成"静如处子,动若脱兔"的性格特征。

三、优秀情报人员案例介绍

为了让读者更好地理解如何在企业内部选拔情报人员,本书举三个不同的案例,供各位参阅。

> **案例**
>
> ### 硕士生的科研开发与情报获取
>
> 某民营企业的一位研发人员,是一个刚毕业两年的硕士生。他为企业研究开发成功了一个项目。这个项目如果去国外购买专利的话,要人民币1亿元左右的费用。但是,他自主研发成功了。
>
> 这位硕士生在研发过程中了解到,国内已经有一家同行购买了这家外国公司的专利,并且已经投入生产。该产品在生产过程中,必须要添加一种原料,而这种原料的供应商却是在国内的。同时,这家原料供应商也是这位硕士生所在企业的原料供应商,两家企业的所需原料均来自同一个供应商。这位硕士生想:不购买专

利,尝试通过自己的研发来生产出与国外相媲美的同类产品,如果研发成功,可以为企业节省约1亿元人民币的专利购买费。但是,反复试验几十次,都因为原料中的参数不详,均告失败。"失败乃成功之母",这位硕士生从试验中得出了一个重要启发,只要掌握原料中的基本参数,试验肯定能获得成功。

原料的基本参数在哪里?就在供应商那里。如果直接找供应商的研发部门,肯定得不到。因为这是他们的商业机密,不可以泄露。

怎么办?"条条道路通罗马",这里走不通,是否可以另辟蹊径呢?这位硕士生想到了那个供应商公司的销售部经理李先生,他与自己关系很好,应该知道一些技术上的事情。硕士生就把李先生作为重点对象,把获取情报的目标锁定在李先生身上。

硕士生与李先生关系不错,知道李偏好喝茶,硕士生约李先生一起去茶楼品茗。席间,硕士生向李先生坦言:"我们两家并不是竞争对手,只是上下游的客户与供应商的关系;我在试制新产品,需要你们的原料参数做参考;如果我试制成功,今后大量生产时,也购买你们的原料,你的销售业绩也可以大幅上升;这是一个皆大欢喜的双赢格局,希望李先生理解。"

历经商场磨炼的销售经理李先生,已年届天命,当然知道这话中的色彩与含义。因为,如果硕士生一旦试制成功,而且兑现诺言的话,他的销售业绩将会呈几何级数向上攀登。其个人的经济效益,将因为销售业绩的增长而无法估量;同时,泄露几个技术参数,也并不会损害自己公司的利益……

作为一个老资格的销售经理,他或多或少知道一点原料中的几个重要的技术参数,在硕士生的频频游说下,李先生认为硕士生讲得很有道理,对双方有利。于是,他就把自己平时积累、记忆在头脑中几个重要数据,告诉了这位硕士生。刻苦钻研技术的硕士生,拿到了李先生给予的技术参数后,埋头试验,经过他的不懈努力,新产品终于试制成功。硕士生把公司颁发的奖金与李先生共同分享;同时,李先生也拿到了硕士生所在企业的大批的原料订单,他的销售业绩直线上升,而且又得到了本企业领导的好评。

企业情报部门认为这位硕士生做得十分成功,就请他来总结介绍经验,这个案例对该企业的情报工作起到了重要的推动作用。在这个典型案例的引导下,这家企业的不少研发人员主动同情报人员相结合,自己找对子,找合作伙伴,把科研开发与情报搜集结合起来。整个企业的生产经营、科研开发、情报搜集进入了一个很好的良性循环。

评析:

一、这个案例说明,最佳的企业情报人员除了要忠于企业之外,应该是既懂业务,又善交际的人员。

二、同时,这个案例也说明了,正确的考核与奖励制度是提升情报业绩,促进企业可持续发展的有利保障之一。

第三节　情报人员的业务要求

作为一个合格的企业情报人员,从开始入门时的一无所知,到能够基本掌握要领,外出搜集情报,一般要经历"抄、听、聊、问"四个阶段的学习与实践的过程,这是对情报人员基本的业务要求。

一、"抄"——情报工作的入门与启蒙阶段

"抄"主要是指对各类公开信息的走访、检索与编报,这是踏入企业情报工作的入门与启蒙阶段,其目的是为了熟悉本企业的业务,为今后做好情报搜集工作打下基础。

二、"听"——情报工作的起步与开创阶段

在"抄"的基础上,情报人员对与本企业有关的各种公开资料有了一个初步的认识,对本企业的业务有了一个大概的了解。"听",就是在"抄"的基础上、在基本了解本企业业务的基础上,开始到社会上去,到人群中去,到所有能够出情报的地方去。到那些地方去听人们在聊些什么,你有没有办法介入进去,和他们交朋友,打听到与本企业相关的有用的信息,从而进一步扩大你在情报工作上的交友半径。

1. "听"的场所与对象。这是对一个初步开始情报工作的新手而言的。这时候,可以选择去展销会、供货会、博览会、专业论坛、行业协会、专业沙龙、专业的QQ群等聚会场所,到所有一切能够听到与本企业有关的情报信息的场所去。在这些场合中,所有的发言对象,均是本行业中有一定专业基础的人员,或者是对本行业感兴趣的人员,他们说的大都是你自己很熟悉、很了解的内容。经常有这种可能,他们不经意之间的只言片语,有的却是你很想知道的情报信息。

2. "听"的内容与过程。作为一个新手,要注意听的是全过程,是这些相关人员的真实议论。如果时间允许,尽量要参加全过程,以避免挂一漏万。

3. "听"的技巧与形式。在上述场所,最好以一个初涉者的身份介入。对一些重要的、不明白的地方或者一些细节,尽量以请教的口吻去讨教明白。做情报工作,特别要注意细节的真实,千万不可草率从事。

4. "听"的结果与汇报。作为一个情报人员,要养成细心整理外出谈话记录的习惯;要客观的、真实的反映所听到的有关情况;千万不要加上自己的主观判断和推理,以避免误导企业的决策者,这是情报工作者的大忌之一。

每次外出接待后,如有重要内容,要注意填写"接待记录登记表",以供领导审核与个人工作积累、存档。

作者整理了一份《接待记录登记表》供读者参考。

接待记录登记表			
时间		地点		接待人员单位及姓名	
接待内容			
接待人		时 间	
主管批示			
领导批示			

三、"聊"——企业情报的熟悉与独立阶段

到达这个阶段,应该讲,你基本成熟了,可以独立工作了。"聊",这是企业情报人员最常用的方法,你要学会与各种人员打交道,在聊天的时候,要注意让对手把你所需要的内容让他们全部"自我释放"出来,全部自我"聊"出来。

1. 聊的对象与范围。

根据领导的布置及你个人的所长,可以到一切能出情报的地方去,找知情者去聊天。在这里要注意的是,你所聊天的对象和你的职务、你的身份要相匹配,就是俗话所讲的"兵对兵,将对将"的原则。如果对方是竞争对手的总经理,你还是退避三舍为妙,以避免被对方玩弄于"股掌之中",还不得其解。在聊的过程中间,要注意学会举一反三地去思考问题,由此可以带出更多、更重要的信息。

2. 聊的内容与过程。

"聊"与"听"的区别在于,"听"是一个学习与了解的过程,听到什么算什么,完全不能加入个人的主观意愿,这是一个企业情报人员在初级阶段的学习与实习的过程,是打基础的过程。

"聊"则不同,你已经从听的阶段升级了,具备独立工作的能力了。你事先要把握好,所聊的内容不能偏题,而且每次要根据聊天对象的不同,应该事先设计好不同的聊天范围与话题,一定要"聊有所得";你的对象在聊天的时候如果偏题,你要巧妙的设法纠正过来。

3. 聊的形式与技巧。

聊天的方式方法多种多样,聊天的技巧也层出不穷。因为,根据聊天对象行业的不同、地位的不同、文化的不同、地域的不同、乡俗的不同,会产生出不同的聊天形式与内容,这要根据聊天对象的变化而变化

聊天的形式与技巧。聊天的具体形式可以有品茗、旅游、唱歌、聚餐、打牌、下棋、喝咖啡、打高尔夫球等等。从聊天的技巧方面来讲,作为一个情报人员,在人际交往中,当你与别人谈话时,必须始终要清醒地意识到,自己必须牢牢地把握话语的导向权。

因为,你的责任不仅是要把自己想知道的内容,用朦胧的语言艺术地表达清楚,还应考虑用怎样的谈话方式才能使对方产生兴趣,易于理解。并且要根据对方的各种反馈语言,来不断调整自己的谈话导向。为此,要注意以下几个方面的问题:

(1) 引出话题。情报是一个很敏感的话题,情报工作的特征之一就是"隐蔽性"。所以,不管你的对象是否是熟人,在没有达到一定的了解程度前,千万不能开门见山地直接点出话题,而是要从另一个侧面来引出话题。

其次,在互相寒暄的时候,要注意选择目前大家都关心的事件为题,引出谈话对象的兴趣,搞活气氛,然后逐步切入到你所想要的话题中去。

再次,要巧妙地借用彼时、彼地、彼人的某些材料为题,借此引发对象的话语。要由此及彼、由彼及里的去进行引导,即"听话听声,锣鼓听音"。古人有"闭门推出窗前月,投石冲开水底天"之说,在谈话对象的心理状态揣摩不透的前提下,先提一些推窗望月、投石问路式的话题,在略有了解之后,再有目的地去交谈,便能谈得较为融洽。

聊天之前要经过周密的部署与了解,从谈话对象最感兴趣的话题入手,循序渐进,就能顺利地进入话题。因为对方最感兴趣的事,总是最熟悉、最有话可谈,也最乐于谈的。但是,你要事先设计好,在他最感兴趣的话题中,要设法引入你也感兴趣的情报信息,这样的谈话你才能有所收获。

(2) 注意方式。为了使聊天聊出成绩,聊到你所要的情报信息,应避免一些不正确的对话方式。不要随便打断别人的谈话或抢接别人的话头，扰乱对方的思路。或者由于自己注意力的分散，迫使别人再次重复谈过的话题，这会使你的谈话对象觉得你对人不够尊重，谈话的趣味就会顿时大减。

(3) 转移话题。自己对谈论的话题已失去了兴趣，没有自己所需要的情报信息，而对方却谈兴正浓，怎么办？这时，要注意转换"频道"，不必硬着头皮去听。而是应当通过提出一个富有启发性的问题，或接过对方的某一句话，或者能够承上启下的话题，自然而然地扯到另一个有可能获取情报的问题上。这样，对方的自尊和谈兴都未受到损害，甚至还没有意识到呢。

(4) 注意格调。交谈的态度以诚恳为宜。油腔滑调的谈话口吻，难以为人们所接受，但要注意油腔滑调与诙谐幽默的区别。恰到好处的幽默，能使人在忍俊不禁之中，体会到深刻的哲理。幽默运用适当，可为社交场合增添活跃、愉快的气氛。但是，妙趣横生的谈话，来源于一个人的修养和才华的有机结合，不可强求。如果仅仅为了追求风趣的结果，而讲些低级庸俗的笑话，甚至不惜侮辱他人，则起到相反的作用。

4. 聊的成果与整理。

一个老练的、成熟的企业情报人员，在通常的情况下，主要是在与他人的各种接触中了解自己所需要的情报。所以，聊天对情报人员来讲是一门必须掌握的语言艺术。

同样是聊天，新老情报人员之间有着很明显的区别。有的新手可能会觉得一无所获，或者情报内容很简单；而经验老到的情报人员会觉得内容丰富，会根据自己的经验，将同一内容分成好几份可以上报的、有价值的情报。

这是从事企业情报工作的技巧，在很大程度上取决于个人的情报业务素养与对企业业务的熟悉程度而定,这些需要在实践中慢慢磨炼,逐步提高。

四、"问"——企业情报的成熟与谋略阶段

作为一个合格的、成熟的企业情报人员,在经历了"抄、听、聊"之后,应向更高的阶段发展,那就是"问"。

"问",就是通过你精心设计的方案,让对手在不知不觉中,自觉自愿地把你所要的一切情报在毫无意识、毫无防备的前提下,全部"自我释放"的"回答"给你。这就是企业情报人员在搜集方法上的最高水平、最高境界。同时,这也是企业情报人员最难攻克的一个技巧。

1. 问的对象与范围。

"问"的对象,要经过精心选择,必须达到以下三个要求:(1) 被你所问的对象肯定知道你要的情报信息;(2) 即使他本人不清楚你所要的情报信息,但是,在他的交际圈中、或者他的亲朋好友中,肯定有人知晓你所需要的情报信息;(3) 被你所问的对象出于各种因素,在谋略方案的作用下,其中的大部分人,能够把他所知道的情报信息,毫无保留地自觉自愿的透露给你。

所问对象的选择范围可以广一点,既可以选择知晓情况的人员,也可以适当找几个不知情的对象进行陪衬。要用真假结合、虚实结合、攻守结合的、辩证的思维方式来做好对象的选择。

2. 问的内容与过程。

(1) "问"的内容要"绵里藏针"。"问"的内容一定要做到"曲直结合",不可贸然发问,也不可直接点题。问的话题里,既有你想了解的"主题",也应该有一些"副题"作为点缀,这是红花与绿叶的关系,这样才能相得益彰,才能使被你所问的对象,在不知不觉中将你所需要的情

报和盘托出。

(2)"问"的过程要洒满阳光。"问"之前对方案要精心设计,才能使整个过程不会出任何纰漏,使整个过程不会有任何超越法律界限的瑕疵,使整个过程充满阳光,才能使知情者在轻松愉悦的状况下,高高兴兴、春风满面地回答你的提问。

3. 问的技巧与形式。

(1)问的形式可以有多种多样,既可以有聊天式、问卷式,也可以有休闲式、访谈式。总之,要根据不同的情报要求、不同的询问对象,去设计相对应的形式,不可拘泥于一种形式,也不可拘泥于作者书上所讲的形式,读者诸君可以自由发挥,应该"青出于蓝而胜于蓝"。(2)要根据具体情况去决定具体的工作策略与工作方法,只要所采取的形式与方法能够达到目的就成功了。

4. 问的防范与成果。

(1)问的方法也是一种艺术。这是一个必须注意的要点,在设计的"问"中,不能有任何违反法律的话题,也不可直截了当地去触及目标对象的商业秘密。所以,在话题的设计中,需要企业情报人员对被问者有一个全盘的、清晰的了解;同时,也需要企业情报人员对自己企业的情况了如指掌,才能有的放矢,出其不意,攻其不备,在不知不觉中达到你的目的。(2)如果方案设计得当,通过"问"的过程,你会合理合法的得到巨大的意想不到的情报搜集效果。

第十二章
企业情报的文稿管理

> 企业情报的文稿管理与企业情报的搜集一样,都是企业情报工作中的重要一环,二者共同的有效运转,才能构成企业情报体系的良性循环。
>
> 如果说,情报信息的搜集为企业领导带来决策的依据,那么,情报信息的文稿管理,就是将决策的依据变成科学化的重要一环。

企业情报的文稿管理,从工作程序上来讲,主要有两大要求:

一是对信息进行比较、分析、综合、判断、整理,使之规范化、有序化和科学化。通过对从各种渠道搜集而来的信息进行加工,将信息形成情报,并成为企业的情报产品。

二是对情报的撰写编报要讲究技巧,才能体现信息搜集者的工作效果。同时,也有助于决策层能够清晰地了解情报所要反映的内容,便于高管层依据该情报的内容做出正确的决策。

企业的不同成员,从各种不同的渠道搜集而来的,各种不同类型的情报信息,都是原始的情报信息;原始的情报信息从严格意义上来讲,只能说是情报的原始资料,是形成情报的素材,还不能称之为情报。

原始的情报信息、原始的情报资料虽然具有客观性和真实性。但是,在搜集的过程中会受制于搜集人员的意识、水平以及客观环境等诸多因素的影响和制约,常常是真假并存,"水分"较多。而且,原始的情报信息中,既有情报,也有信息,还有线索等多种形式的文稿,其特点是:具有零散性、表象性,缺乏系统性和科学性。

所以,作为企业情报信息管理部门的工作人员,不能把原始的情报信息直接使用、上报或转发。必须经过处理和加工,使原始的情报信息成为具有较高的使用价值、特定的规格和形式的情报信息的产品。

根据情报信息的管理要求与特点,对担当情报信息文稿管理的人员有一定的要求:

一是能够清楚地知道每一份情报信息的使用价值,能够科学地对情报信息的工作提出很好的建议。

二是对企业的忠诚度要求相当高。因为,在这里集中了企业各个部门的提交的情报信息,机密度很高,万一被竞争对手利用,或者无意泄露,后果将不堪设想。因此,从事情报信息文稿管理的工作人员必须有高度的责任心。

第一节 情报信息的整编流程

情报部门对搜集而来的各类情报信息,要进行科学的、细致的、统一的归纳处理,以充分发挥其作用。

一、情报信息的汇总

将企业全体成员按照部门划分,将他们搜集来的原始的情报信息,按照企业的行文习惯(建议:既按照部门归类、又按照内容归类,形成两种不同的文档保管形式,以便于查找),全部汇总集中,以便统一进行处理。

二、情报信息的甄别

情报信息的甄别,要分成几步进行。首先是对通过初步审核上报的原始的情报信息,对其中确有使用价值的,企业情报部门要设法通过各种渠道进行核查,以甄别其真实性。第二,对重要的情报信息,要加大核查力度,防止误入竞争对手的圈套。这是对原始情报信息,能否转化成为决策依据的基础性工作。

三、情报信息的加工

对核查与甄别后的情报信息，按照财务、采购、市场、营销、人力、研发等方面进行分类整理，这是甄别后的加工，以提供给有关部门研究、参考，并做好信息的反馈工作。

四、情报信息的整理

将通过核查与甄别、加工后的情报信息，将其转化整理，形成供企业领导层阅读、分析、研究和决策的文本。对情报信息的加工与整理既可以分别进行、也可以统一处理。

五、情报信息的研究

对情报信息进行分类之后，要及时组织本企业的专家，对加工整理后的情报信息进行分析研究。研究的目的主要有四个方面：

一是能够形成反映目标对象事物本质的、在某一方面规律性的，以及目标对象发展趋势的情报信息；

二是通过研究，能够形成揭示目标对象本质的、更深层次的情报信息，以掌握了解目标对象长远的、宏观方面的动向性信息；

三是通过研究，确定是否需要对这份情报信息所反映的问题，进行深入跟踪，重新调整布局、加强情报信息的搜集和研究工作，目的是为了追踪出更重大的情报信息。

四是通过研究，对能够形成综合性报告的情报，要及时组织人员撰写出能够供领导参考的专题性材料。

六、情报信息的反馈

通过甄别、整理、加工、研究之后,如果发现原始情报信息有不完整、不清楚、不准确之处,或者对该情报有进一步搜集、挖掘的要求,企业情报部门应有针对性地提出具体要求,并把此要求反馈给原始情报信息的搜集人员,请他们进一步深入搜集,并做好督办和协助工作。

七、情报信息的存储

根据企业习惯的文稿处理流程,将加工处理后的情报信息分门别类地进行存储、归档,并建立科学的查询渠道和方法。存储的原则是:便于随时查询和使用。

在普遍使用电脑进行存储的今天,为了防止电脑故障的突然出现,影响工作,建议再用手工的方法,用传统的卡片索引的方法,进行纸质形式的储存索引,以备急需时使用。

八、情报信息的服务

情报信息是为企业发展服务的,应该充分加以利用,以发挥其作用。服务的功能包括两个方面:一是对经过处理的情报信息进行文字编辑,将其形成符合本企业使用特点的情报材料,呈报给决策层、或者转发到有此需求的使用部门;二是将经过处理,而且经过系统整理的情报信息,形成资料储存的形式,供决策层和需求部门今后的查询检索。

第二节　情报信息的整编要求

一、集中统一

大型的集团公司,特别是中央企业,其下属的企业少则几十家,多则达一百多家,我们的情报信息部门应该尽可能地将这些直属企业的情报信息,特别是一些有价值的重要信息要集中起来,统一进行处理。

企业情报信息部门应该明了,原始的、第一手的情报信息不怕量多,就怕没有,就怕质量不高。情报部门要最大限度地占有原始的、第一手的质量较高的情报信息,情报信息多了,就可以互相印证,细致甄别,可以加快情报的产出时间,为领导层的决策提供有时效性的情报产品。

二、客观准确

我们的企业专家,各个业务部门的行家里手,要尊重员工上报的原始的情报信息,尊重他们所反映的基本事实。企业情报部门在分析的时候,要以客观事实为依据,各方及时沟通,切忌凭个人的主观臆想来判断情报的真伪。

三、迅速及时

企业情报信息的分析专家,应有情报部门、科研部门和有关部门的专家组成,这是一个虚拟的团队。这个虚拟的团队,在遇到有重要情报需分析处理的时候,应迅速集中起来,按照情报的处理程序及时完成对情报的研究判断,以保证情报的时效性。

四、产品共享

情报信息在经过处理后,必须及时向三个部门提供。

一是向决策层提供(上报);二是向使用部门提供(发送);三是向情报搜集者及其所在部门提供(反馈)。上述各部门要及时将情报信息的使用情况反馈到情报中心,反馈的内容包括:

1. 决策层要将对该情报的批示意见反馈给企业情报中心,以便情报中心按照领导的意图进一步开展工作;

2. 使用部门要将该情报的使用价值反馈给企业情报中心;

3. 企业情报中心要将领导批示及使用情况及时反馈给情报的提供部门。

上述各部门对各类反馈意见都要登记在案,以备对员工、对情报搜集者的目标考核之用。

第三节 情报信息的传递处理

情报信息的传递是处理工作中的第一道工序,这是一项十分重要的工作,要确保情报信息传递过程的安全、畅通,若稍有不慎,将会落入竞争对手的手中。企业要指定专门人员,根据企业所处的实际位置与实际情况,负责情报信息的传递工作。

一、情报信息的传递

根据情报信息的传递要求,情报部门应制定切实有效的措施,以保证把各处上报的情报信息,全部安全地传递到情报信息的接受部门,以便统一进行处理和存储。

根据目前的情况,情报中心一般是从以下几个渠道接受从各个方面传递过来的情报信息:

1. 第一线人员的口头或书面报告;
2. 第一线人员的电话、传真;
3. 第一线人员的手机短信、电子邮箱;
4. 第一线人员委托邮局或专业公司的快递;
5. 第一线人员委托第三方的传递。

各个企业应根据自身的条件,要尽可能多的为第一线员工创造多渠道的、安全可靠的传递情报信息渠道,只要是一线员工搜集而来的情报信息,任何一份都不能外泄。

二、情报信息的整理

将传递来的情报信息接受后,就要对情报信息进行初步整理,为下一步对情报信息的加工做好准备。因此,在接受情报信息后,就要及时着手情报信息的整理。

1. 整理信息的要求有两点:(1) 对原始情报信息的形式进行整理,形成统一规范的格式;(2) 对其内容进行必要的提炼和登记,去除废话、提炼精华。

2. 需要整理的信息原件有四种:

一般来讲,需要整理的原始的情报信息,可以分为下列四种形态:(1) 语音报告(录音设备的记录);(2) 动作与图像报告(摄像、摄影器材的记录);(3) 文字报告(各类原始资料);(4) 实物报告(各类样品等实物)。

3. 整理信息的目的有三条

对原始情报信息进行整理的目的,主要是将其转换成便于观察,便于进一步传递,开会分析的形式。(1) 对原为口头的或者是动作形式的情报信息,要转换为准确的文字材料;(2) 对原为图像或者是语音材料的,要转换成文字材料或者形成文字摘要、文字说明的形式;(3) 对员工由其他渠道直接传递回来的原始材料,要清除掉原始反映人的有关情况和如何获取的一切有关痕迹,以防止在内部分析时的无意泄密。

三、情报信息的登记

情报信息的登记,是情报信息管理中的重要一环,是企业情报信息流程中的入口,是对本企业情报信息进行规范处理、统计、评价、考核、反馈的基础。要按照文书学、档案学、秘书学中的文件登记的管理办法统一登记,对登记的记录必须妥善保管。

情报信息的登记方法主要有以下几种:

1. 手工登记。使用传统的文件收发本,对来自各个渠道的情报信息进行文字登记。登记的项目一般有:发文号、收文号、文件名、发文部门、收文时间、分送处理的部门或领导,因为情报信息紧急,用口头汇报的,事后要补发文件,以便于统一管理。

2. 计算机登记。在手工登记的同时,还需用计算机收文登记程序或收文登记表格进行登记。

四、情报信息的鉴别筛选

对原始的情报信息进行鉴别、筛选,是企业情报部门一项绝对重要的工作。这决定这份原始情报信息的可靠性、准确性、时效性、重要性的检查和判断;是对这份原始情报信息是否具有进一步使用价值的工作过程。

一般说来,同样一份情报信息,由于搜集人的水平高低以及判断问题的能力不同,在情报的性质上是会出现差异的。所以,对来自企业员工的原始情报信息一定要经过去粗取精、去伪存真、鉴别筛选,才能进一步加工。

1. 情报信息的鉴别内容

(1)对情报信息内容的鉴别,鉴别人要根据自身的业务水平,来对情报信息所反映的内容是否真实可信,是否合乎情理做出鉴别。(2)对情报信息来源的鉴别,这里主要是指对情报信息的来源是否可靠做出鉴别,是否是竞争对手设置的圈套。

情报信息的鉴别、筛选是一项相当重要的工作。因为,经过鉴别之后的情报信息,就将直接作为企业高层的决策依据,所以,情报信息鉴定人员的挑选,要相当慎重。

2. 情报信息的筛选标准

原始的情报信息有相当一部分是凌乱的、不完整的、不连贯的,有些可能是虚假的,还有不少信息可能会带有搜集人的主观意愿。企业情报部门要清醒地认识到,并不是所有搜集汇总到企业情报中心的情报信息材料都是有用的。筛选的标准主要是:(1)时效性。该份情报信息是新情况,还是老调重弹,或者是从互联网上的摘录内容;(2)重要性。这份情报信息的重要程度如何,是涉及宏观上的还是微观上的;(3)针对性。对本企业是否有用,是有参考价值,还是有使用价值。

3. 情报信息的筛选办法

(1)复线印证法。将从不同渠道、不同人员搜集来的同一情报信息相互对比,以判断情报信息的准确程度。为了得到一个重要的情报信息,情报部门应该在搜集的初期,就派出两组、三组甚至更多的小组,从不同角度、不同渠道，在互不知情的情况下，去搜集同一情报源。这就是复线印证法。

(2) 综合推断法。综合推断法主要是从两个方面去进行分析。一是对该原始情报的搜集人员进行综合分析，看他一贯所搜集的情报信息是否准确可靠；二是对该情报所作用的方面，是否符合情报所描述的那样。

(3) 内外交叉法。对围绕同一目标对象的情报信息，要研究其相互之间的关系、研究其局部与全局、内部与外部之间的相互关系。

(4) 统计归纳法。对反映同一目标对象，在一段时期、一个方面、一定数量的情报信息素材进行统计分析，从中找出规律性、动向性的情况。

(5) 逻辑推理法。通过对已知的情报信息中的各种现象、萌芽、痕迹等进行判断、分析、推理，而预测出目标对象的真实意图与目的。

企业情报既不同于国家安全情报，也不同于公安的治安与刑侦情报，不一定要苛求员工去搜集绝对准确的目标对象的情报信息。按照一些企业行家的说法，企业搜集的情报信息不必要百分之百的正确，只要能够得到百分之六七十的准确性，在一般情况下，业内专家就完全可以推算出目标对象的真实意图。

第四节　情报信息的撰写编报

企业在传递、分析、整理情报信息的过程中，应结合自己企业的行文特点，必须及时将有价值的、有决策依据的情报根据上报、转送、下发等行文规定，将情报根据不同的内容和密级，编撰成不同的编报格式和编报载体，及时提供给高层管理部门，以突出情报作为一种产品，为企业决策服务的重要性。

一、情报信息的编报密级

情报信息的编报载体不可太复杂,主要有以下几种,譬如:

1. 特别情报(绝密)。特点:这类情报有几个很显著的要点,一是情报的报送范围很小,二是情报涉及的内容密级很高,三是对企业的发展价值很大,四是情报的来源渠道不宜公开。根据上述特点,这类特别情报一般只上报企业的主要领导和分管领导,然后根据领导的批示行事。

2. 重要情报(秘密)。特点:这类情报的主要内容是,涉及到目标对象的一些具体部门的情况。如研发的项目、有些较为敏感的数据、主要的人事变更等。这类情报除了要报送企业的高管层之外,还应分送给相关部门的领导人员。

3. 企业情报(机密)。特点:这类情报的特点是,情报的来源是从各种社会交往、人际关系的渠道中获取,情报的密级虽然不是很高,但是有相当的参考作用,能够从某一方面洞悉竞争对手的活动轨迹;其次,能够从这类情报中进一步挖掘深入、有可能获取更深层次的内容。

4. 信息参考(机密)。特点:这类信息反映的情况很重要,也是从非常规渠道获得,虽然其内容的真实性暂时无法核实,不能上升为情报。但是,对领导却有一定的参考作用,也有可能是需要进一步查证核实的线索,建议将这类信息也报送领导阅示。

5. 信息资料(公开)。特点:信息资料的主要来源是各类公开发表的有关刊物,如行业协会的报告、上市公司的年报、各类论文、网络资料转摘等。这类信息的主要特点是,内容广泛、传递迅速,但缺乏真实性、及时性等企业情报必须具备的基本特征。所以,此类公开刊物上的各类资料摘编,只能是作为企业情报工作者的参考资料,不列入密级。

二、情报信息的编报形式

1. **一般报告**。主要是指：企业的情报搜集人员及企业员工，在平时工作中间搜集到的有关目标对象的各种不连贯的、自成一体的情报信息。以一般报告的形式一事一报，但是每份情报都必须反映一个完整的、能够单独成立的情报信息。

2. **专项报告**。专项报告的主要特点是要有连续性、分析性。专项报告一般是针对目标对象重要的、相对比较完整的情报信息而言；再次，专项报告的最大要求是，情报搜集人员应该能够连续不断的、长期跟踪该情报的后续内容、要长时间的连续搜集上报。

3. **综合报告**。综合报告主要有两种形式：

(1) 横向综合。为了了解与搜集目标对象的一个重大信息，企业可能会调动各种情报渠道，进行大范围的搜集。这时候，情报部门要将各个渠道搜集而来的情况，进行综合分析，然后写出一份综合性的情报信息供高管层作决策的参考。

(2) 竖向综合。对一些比较零散的、分散的、反映问题不集中的、且时间性又不强的情报信息资料，可以暂时先行积累、存储，等待材料充足的时候，由情报部门根据时间顺序、内容再来统一编报，成为一份有系统的、有价值的情报信息。

三、情报信息的编报要求

专题报告：对某个事件、某个问题、某项任务，从接受调查到搜集结束要写出专题报告。在报告中要写清楚客观事物的真相，发生事件的原因，不要擅加个人的观点，以避免误导领导。

综合报告：应该有情况、有事实、有分析、有建议。具体要求是：

1. **文章简明扼要**。情报的标题一定要简洁、醒目，使别人一看标题，就知道这份情报要反映什么问题。情报的内容主题一定要明确，文字要严谨、要能说明问题。

2. **充分尊重原意**。要绝对尊重情报搜集者的原来意思，实事求是，尊重客观。对原始情报的关键词语和情节，不能妄自修改，切忌主观臆断地去揣摩原作者的意思。在有分歧的情况下，编者要主动与原作者沟通。

3. **内容准确无误**。情报中所反映的一切都要真实可靠。如：来源要可靠、事实要确凿。对文章中所涉及到的人物、地名、数字等，感到有疑问的或不明确的，一定要与原作者核实；其次，如果是第一作者，在搜集情报的时候，一定要注意细节的真实可靠。

4. **文章系统完整**。要写好情报文章，必须注意文章的六个要素缺一不可。这六个要素是：时间（在何时获此情报）、地点（在什么地点获取）、人员（从谁的手里得到，如果有其他人在场，要写清楚这个人是谁）、事件（情报所要反映的一个完整的事件）、原因（情报所反应的事情因何而起）、结果（情报所反映问题引起的结果；注意：如果情报的原始提供者没有反映结果，撰稿者切忌妄加任何内容）。

5. **准确及时编报**。情报的基本特征之一，就是时效性。情报的上报如果失去了时效性，就贻误了战机，情报也就成了一份历史资料。

6. **保护情报来源**。任何企业，只要是在从事情报工作的，大家都明白，情报的来源渠道虽然多种多样，但是，除了公开渠道得来的之外，都必须对来源进行严格保密。就是在企业内部，除了某些高层领导以外，也要做好保密工作。

7. **明确发送范围**。对不同内容的情报，要明确发送范围，标明情报密级。

四、情报信息的标题内容

一份完善的情报产品,必须具有鲜明的标题和扎实的内容,才能为领导的决策起到依据的作用。

1. **文稿的标题**。标题要能够概括此份情报信息的主要内涵,要使人看了之后有一种欲罢不能的感觉。用企业情报人的俗语来讲,叫"报眼"。例如:

案例标题一:西方七国将于三个月内解除对伊朗的经济制裁

这是1980年,某跨国公司的情报人员在与西方七国的有关人员接触之后,提前向公司总裁提交的一份情报的标题。

案例标题二:东海汽车集团电动乘用车的试驾续行是8 000公里

2009年9月,某汽车集团的情报人员,在了解了竞争对手的新能源汽车试驾的情况后,向本集团做了如上标题的汇报。

案例标题三:某公司的机电出口底价在5 000—6 000美元

某公司拟来沪洽谈某机电产品的进口贸易,竞争方通过情报渠道,了解到了该公司的谈判底价,遂报了如上标题的情报。

2. **文稿的内容**。情报文稿的内容要涵盖以下六个部分的基本要素:(1) 情报产生的时间;(2) 情报产生的地点;(3) 情报产生的原因;(4) 情报产生的过程;(5) 情报产生的结果;(6) 情报产生的人物等。

如果这是一份重要的情报,应该在上报情报的同时,把所有涉及到此次情报的背景资料全部整理好。一旦领导要调阅全部资料作为决策的参考时,你应该能够马上递交上去,这才是一份合格的、完整的情报资料;同时,这也是一个合格的企业情报人员应尽的职责。

> **案例**
>
> ### 某省拟购买某公司的"工程救援装备车"
>
> 　　据了解：某公司董秘王先生昨晚在"五一饭店"就餐时透露，因为某省是地震多发地区，为保证灾时车辆的急救之需，该省拟购进50辆"工程救援车"。公司目前正在与该省的机械厅洽谈此事。
>
> 　　据分析，如果此举成功，某公司将进一步把市场推向四川、甘肃、青海等自然灾害多发地区。
>
> 报告人：市场部　王小毛
年　月　日

点评：

　　1. 六个要素基本达到。报告的第一自然段符合情报的写作要求，写出了情报发生的时间（昨晚）、地点（五一饭店）、人物（董秘王先生）、事情（买卖工程救援车）、原因（因为是地震多发地区）、结局（尚没有，因为还在谈判过程中）。

　　2. 情报的来源没有点明。第一段中的唯一不足之处是没有将情报来源写清楚，只写了"据了解"三个字。这样的话，不便于分析部门结合情报来源来考虑情报的真实性。但是，在情报工作刚开始起步时候，为了来源的保密，也可以不写，但是必须在口头上向情报中心汇报。因为情报渠道不是个人财产，也是情报人员的主要工作内容。这也是企业情报工作者必须遵循的工作纪律之一。

　　3. 文稿上不要加个人的分析。败笔之处在第二段，"据分析，如果此举成功，某公司将进一步把市场推向四川、甘肃、青海等自然灾害多发地区。"个人提供的情报不要擅自加以分析，这样容易误导领导层的决策，应该有专门的分析部门来进行统一的分析与甄别。

> 这个第二段没有起到画龙点睛的作用，而是"画蛇添足"的败笔。作为一个合格的企业情报工作者，应该明白，在你的高层那里，他收到的不会只是你一个人提供的情报，他还会有许多渠道在同时搜集同一情报信息，情报部门会有专人对各类情报进行分析。

3. **文稿的查阅**。虽然作者在本书中对情报的阅读界定了一定的范围，但是，各企业应该根据实际工作需求，以利于企业发展为原则，在保密的前提下，经过一定的审批手续后，应制定出相应的情报产品的传阅和查阅制度。

五、情报信息的编报技巧

情报信息的文稿写作与上报，同任何其他工作一样，经过一段时间的磨炼之后，也能熟知其中很多的技术与窍门。

1. **何时上报情报**。在何时上报情报的这个时间问题上，要牢记"三个准确"的原则。就是"情报是在最准确的时间、把最准确的材料送到最准确的人手里"。

2. **如何上报情报**。在如何上报情报的技巧上，要向编写电视连续剧的作者学习，要向撰写新闻追踪报道、连续报道的记者学习。他们有多年的工作经验，他们很清楚地知道，只要文章精彩、悬念迭出，我们的观众、读者会迫不及待地等着下一期的报道与电视剧。

同样的道理，我们的企业情报工作者，在获取一份高质量的情报后，要能够通过你的努力、要能够通过你的情报渠道，连续不断地获取后面的连锁反应，要有可持续发展的后劲，这就是专项报告，也就是最能吸引领导重视的报告。其次，你应该尽力搞清楚全部情况，你要上报的是情报，而不是模棱两可的信息或者线索。

3. 如何上报信息线索。这是很多企业都能遇到的问题，一些热心的员工，确实能够听到或者了解到一些有关企业命脉的情报信息。但是，由于这位员工的交际能力有限，或者他的工作能力有限，也许他的接触范围有限等诸多客观原因，无法将事情的来龙去脉全部搞清楚，无法将事情的真实性搞清楚，这也没有关系。将信息上报到企业情报部门后，由情报部门派专人进行指导帮助，使其能做进一步的深入了解，获取更重要、更深入、更有价值的情报。

六、情报信息的查询服务

这主要是针对大型企业集团而言。企业情报部门应该将平时所获取的情报按照内容、时间等检索目录，系统地、科学地建立数据库或者档案库，以供决策部门以及其他部门的查询。查询的形式有：

1. 卡片索引查询。根据平时所做的卡片索引，向使用部门提供查询结果。

2. 计算机存储查询。利用存入计算机的情报信息和计算机本身的查询功能，为使用部门服务。

3. 情报系统查询。中外大型企业集团，一般都有几十家下属子公司，企业情报的查询服务部门，要根据企业的自身实际情况，统一设计好集团内部的计算机系统的情报信息查询工作。

情报信息查阅申请表

查阅者		日　　期	
需要查阅的情报与理由			
审批意见			
批　　示			

第十三章
企业情报的综合管理

企业情报的综合管理,涉及到许多具体的业务问题,作者拟从情报部门的体系设置、情报来源的谋篇布局、情报人员的绩效考核、情报任务的有序规划、情报经费的合理使用等几个方面来简单地谈一下自己的看法。企业可依据各自的具体情况作为参考,以便把企业情报的管理工作做得更好。企业集团或大型企业可以设置情报专门机构,中型企业可以配备专职的情报人员,具体应按照企业规模的大小、任务的轻重以及人才的多少,来确定设置多少部门,配备多少人员。

第一节　部门设置与主要任务

企业在筹建情报部门的时候,应在情报主管或负责人的属下,设置以下几个部门:

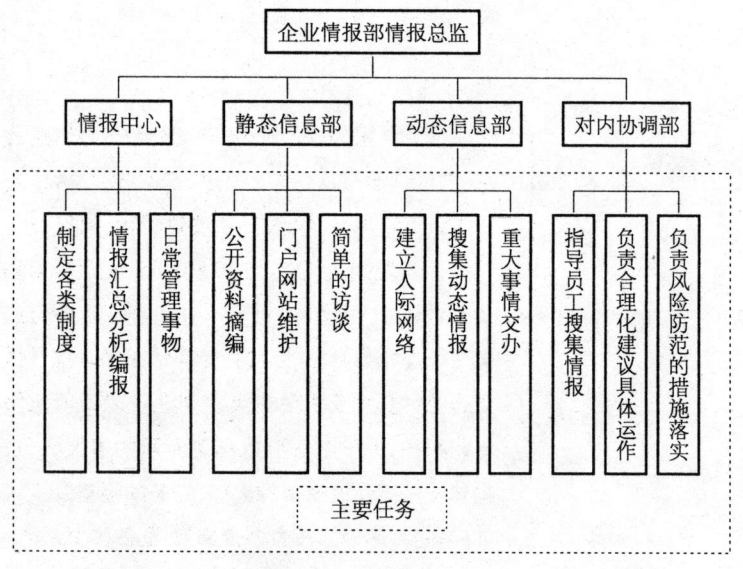

企业情报部门的设置与任务

1. 静态信息的搜集部门;
2. 动态信息的搜集部门;

3. 企业内部的协调部门；
4. 企业情报中心。

现将各部门的具体任务阐述如图，供企业参考。

一、静态信息的收集部门（公开信息）

这个部门的主要工作是针对各类公开资料及互联网上有关信息的检索、摘录、编报，以及收费网站与行业报告的购买等。并同时做好企业门户网站的资料更新及维护。

二、动态信息的搜集部门（非公开信息：人际网络情报）

应该讲，这在情报部门中是属于最重要的工作，在企业情报部门中应该占有最重要的地位，没有大量的、准确的动态的情报信息来夯实情报部门的基础，情报部门就不能发挥重要的作用。

企业应根据自身特点，来决定这一工作以什么方式来开展。一般来讲，动态信息的搜集部门，在企业可以分成两种不同的类型：一是发动企业全体员工共同开展此项工作，并建立恰当的激励措施，以鼓励全体员工在情报搜集工作上的主观能动性与积极性，这也可称之为"全员情报责任制"；二是在全员情报责任制的基础上，再适当抽调一些适合做情报工作的人员，来专职完成一些要求比较高的情报搜集的任务。

三、内部信息的搜集部门（协调与指导）

所有有关情报方面的企业内部的协调与指导工作，都有该部门负责。主要的日常业务有：企业内部的反情报工作；企业内部各部门之间的情报信息协调工作；基层员工搜集情报的指导工作；企业的风险防范与危机处理工作；员工合理化建议的采纳；企业文化的建设等。

四、情报业务的管理部门（情报中心）

情报中心，是企业情报部门的中枢神经。其主要任务就是协助情报主管进行各类情报业务的日常管理工作，主要的工作范围是：

1. 编制企业情报的搜集要点，下发到企业的各个部门；
2. 负责本企业的情报汇总工作，要做到及时、有效、安全；
3. 根据不同的情报内容，邀请本企业不同的业务专家，对情报进行分析等；
4. 负责将整理、核实之后的准确的情报，编报后上报给领导，有的可发到各有关部门参考；
5. 对内部情报人员的纪律管理及外界情报渠道的管理；
6. 情报部门的费用管理；
7. 日常工作的管理与年终考核。

上述四个部门，是企业开展情报工作必不可少的四个环节，但机构设置可根据企业自身的实际情况，适当进行调整、合并，切忌照搬照抄。

第二节　情报渠道的分布管理

设立了企业的情报部门，制定了企业情报工作的规划，就应对情报信息的来源即情报渠道，进行谋篇布局、合理分布。

一、情报信息的来源要分布合理

情报信息来自各个方面,不仅要求量多面广,而且要求布局合理,才能更好地发挥作用。分布合理主要是指两个方面:

1. **反映情报信息的内容要分布合理**。一个企业固然有他的主要赢利点,应该把情报信息的搜集重点放在主要赢利点上。譬如说,以高科技为主的企业,其搜集的主要重点理应是竞争对手的研发情况。但是,同时也应注意目标企业的财务状况、人事状况、生产状况和销售状况,以达到重点突出,全面了解,为深入开展情报搜集和情报谋略工作创造条件。

2. **反映情报信息的层次要分布合理**。企业用于情报搜集的人际网络,力求广泛、深入,高、中、低三个层次要均匀搭配。在同一情报内容的搜集渠道中,既要有高层次的信息来源,也要有中间层次的信息渠道,还要有来自基层一线的、较低层次的情报渠道。这样,一份重要的情报经过高中低三个层次的搜集汇总分析之后,内容会显得更加丰富、可靠性会更加真实、作用会更加重要。使每一份加工之后的情报产品,既有清晰的脉络,又有丰满的内容。

二、情报信息的来源要互相印证

情报信息来自各个方面,有真有假,有的是内幕信息,有的是道听途说。因此,对情报信息必须要甄别核实,这是在使用情报信息前,必须经过的一道程序,也是判断情报信息的真假性和重要性的主要方法。从不同渠道获得的情报信息,经过相互印证,就基本上可以判断出它的真假和作用。

三、情报信息的来源要合理合法

作为企业的情报部门应该明了,企业情报工作不是谍报活动。一个国家为了维护国家的安全、政治的稳定、社会的进步,可以采用一些非常规的方法和手段,来获取有关维护国家安全和社会稳定的情报,这是巩固政权和维护稳定的需要。但是,作为企业来讲,就必须规规矩矩地在法律和政策的框架内,进行企业情报的搜集和使用,不能超越雷池,这是必须牢记的。但是,合理合法并不是束缚情报搜集的空间,空间还是很大的,我们要学会牢牢把握和充分利用这一活跃的空间来搜集情报。

第三节 数量管理和质量管理

目前,从事情报工作的企业已经日渐增多,这些企业的规模、性质、效益及在情报的实际操作上等等,很多方面都不尽相同。所以,本书所述的管理,只能给企业做一个参考,请企业按照自己的实际情况,制定行之有效的方法与措施。

一、情报的数量管理

企业情报中心应根据企业的自身情况,给专职的情报人员及各个部门规定一定量的情报搜集指标。衡量一份上报的材料从信息到情报的标准是:经由情报中心负责人签字批准,将情报素材打印成文,以情报产品的形式报送领导时,这才是完成了一份情报指标。情报任务的数量指标要因人因部门而异,不可千篇一律。

一般说来,大中型企业可以制定两种情报搜集的指标,一是下达给专职情报人员的指标;二是下达给企业各部门的指标,然后由各部门根据自身不同情况自行落实与分解。

二、情报的质量管理

搜集情报,一定要讲究质量,没有质量的情报等于废纸。对情报质量的管理,可以试从以下几个方面进行:

1. 根据情报产品的密级确定质量。我们在前面讲过,根据情报的质量,分别把情报的产品分成绝密、机密、秘密三等(报刊资料、网络资料等公开信息的摘编不列入考核范围)。密级高的情报考核的分值就高,质量就高。

2. 根据情报的经济价值确定质量。对企业来讲,情报是为产生经济效益服务的。所以,一份情报所产生的经济效益,也是考核的重要标准之一,这是管理部门考核情报人员的重要依据。

3. 根据领导的批示确定质量。有些情报产品是反映竞争对手人事变动的、或者反映宏观问题的、或者是预警性的内容,不一定会产生经济效益。对这类情报产品的考核,要根据企业领导对该情报产品的批示来决定考核的分值、质量的高低。情报产品的考核小组要有一名企业的副总兼任或者负责最后审批。

第四节 人际网络的考核管理

一、人际网络的登记

1. 人际网络的试用。企业通过组建人际网络来搜集目标对象的情报信息,是一个切实可行的办法。但是,对每一个人际网络中的具体成员,都必须经过一定的试用阶段。试用的目的是为了测试其反应的情报信息是否正确有用;二是测试其是不是竞争对手的故布疑阵或诱饵。

2. **基本情况的登记**。主要是登记被纳入人际网络成员的姓名、他所反映的情报信息的内容,以及企业内部的联系人是谁等。目的是为了便于企业情报部门今后在搜集重大情报的时候,统一调配人员,从多条情报渠道集中攻克同一目标。

3. **人员层次的分类**。对人际网络中的成员,可根据其作用大小等多种因素,将其分成"爱交际的人"、"知道线索的人"及"掌握情报的人"等三种类型。企业情报中心在登记的时候,也应把这三种朋友分开登记。企业也可根据自己的习惯称呼,把这三种朋友改成"战略顾问"、"战术顾问"等其他名称,不必拘泥于本书的称呼。因为企业情报只是一门刚刚兴起的课题与学问,一切都在探索之中,大可不必照此办事,要敢于大胆、科学地创新。

二、人际网络的考核

1. **成员的物色、更新与发展**。作为一个优秀的企业情报人员,应该清楚地明了,通过人际网络去搜集目标对象的情报,是你的基本工作方法。所以,除了每年要完成规定的情报数量之外,还要考虑到明年情报渠道的物色与更新,做到未雨绸缪,年年有新的发展。因为,随着经济建设的发展加速,人员的流动也在加速,从而导致你的人际网络也会不断地流失、流动与更新。所以,每年新开辟的情报渠道的数量(即人际关系网络),也要成为考核的内容之一。

人际关系网络的考核标准是:每年要有一定数量的、不同层次的情报渠道的建立。考核分值最高的是掌握情报的人。在一般正常情况下,专职情报人员与企业下属各部门,每年如能物色到一至两个"掌握情报的人"已经很不错了。

2. *情报信息点的建设与效果*。作为一个专职的企业情报人员,你不但要善于建设好一个行之有效的人际情报网络,每年还要物色与建立一至两个"情报信息点"基地。这样,你既有来自人际网络的面上的情报信息,也会有来自点上的情报信息,二者互为补充、相得益彰。所以,每年情报信息点的建设,也是对企业情报人员的考核内容之一。

第五节　任务管理与经费管理

情报任务的管理,实际上就是如何下达科学的、合理的情报任务指标,并建立与之相配套的激励措施。情报经费的管理,实际上就是如何分配与管理,为搜集情报所产生的各类费用。

一、任务管理

为了让企业情报部门的工作人员,或者是企业的全体员工在工作上有所适从,企业情报中心应该根据自身的实际情况,按月份、季度、或者按年度来编制企业情报的需求,建议将这一需求称之为"企业情报的搜集计划"。让企业的相关人员根据搜集计划的需求,有目的、有计划、有步骤地去搜集目标对象的情报,而不是根据个人的喜好去采集情报信息。

1. *"情报搜集计划"的征询*。为了让企业的员工有目的、有方向的去搜集目标对象的情报信息,企业情报中心应该按照本企业的实

际情况,编写"企业情报的搜集计划"。在编写的过程中间,一般要对以下几个部分的人员事先进行意见征询:

(1) 企业高管层对情报内容的需求。情报中心在起草情报搜集要点之前,要征求分管领导及主要领导的意见,请他们提出对企业情报的需求,并将他们的意见作为编制"搜集计划"的主要基础。

(2) 各个分公司对情报内容的需求。如果是大型集团公司,还要请各个分公司提出对情报内容的需求。按照企业情报工作的要求,各个分公司虽然都配备有自己的情报搜集人员,但是,情报部门在编写"情报搜集计划"的时候,要把这些需求统一纳入到搜集范围内,以便在集团的内部相互调剂,在搜集情报时互相帮助。

(3) 各直属部门对情报内容的需求。作为集团公司,其直属的各个部门,如"研发部、采购部、市场部、财务部"等,也需要有符合自身工作特点的情报,以作为日常工作的决策依据。情报中心在编写"搜集计划"的时候,一定要把这些部门的情报需求也一并考虑,列入情报搜集计划的内容之中。

(4) 企业情报中心的总体要求。在吸收与听取前三者意见的基础上,情报中心要根据企业的具体发展情况,制定出相应的符合整个企业发展需求的"情报搜集计划"。

2. "情报搜集计划"的内容。企业情报主要的搜集内容应该囊括三个方面:市场情报、研发情报、对手情报。作为一个大型的企业或者跨国公司,在情报搜集的过程中,除了应该搜集竞争对手的所有情报以外,还应该把有关的国际和国内的市场动向、经济动向、科技信息等,全部纳入你的情报搜集的范围之内,供情报分析之需。

因为,在目前的国际经济一体化的格局中,任何一个国家在政治上的重大举动,或多或少都会对世界经济产生影响;同样,社会上的各种流传,也会对本国经济或者本企业起到一定的波动作用。

(1) 目标对象的情报。目标对象的情报不仅仅只是你的竞争对手而言,还要包括所有能得到本企业所需信息的部门与人员。这主要是指:现实的竞争对手、潜在的竞争对手、消费者、供应商、替代品生产者及所有能够产出本企业需要的情报信息的,有关联的企业、团体与个人。

(2) 国际的政治情报。应时刻注视有本企业产品进出口业务的所在国家的政体、国体的有关变动或者更迭;应时刻注视有本企业产品进出口业务的、所在国家的领导人对华态度的变动;应时刻注视国际上局部战争形成的经济需求及经济危机。这些变动对相关企业的外贸活动,都会产生很大的影响。特别是目前盛行的跨国并购等,更是要注意所去国的各类有关经济的政治情报。

(3) 国际、国内的市场与社会情报。首先要关注与本企业产品有关的国际、国内市场的原料、生产、销售、价格等方面的动向和变化状况;其次与本企业产品有关的国内外科技研究情况;再次可能影响本企业声誉的各种社会流传,以及对本企业产品会产生连带关系的社会信息;最后其他各类与本企业有关的坊间传闻。

在这里要特别注意的是,有些信息与传言是消费者对产品的看法,有些则是你的竞争对手故意散布的虚假信息,以达到其搞乱市场,乱中取胜的目的,对这种信息特别要倍加注意,不要轻易上当。

各部门信息需求表(各类公开刊物的征订)

申请人		部门	
需求原因			

续　表

需求信息的具体内容	
部门审核	
情报中心审核	

（备注：由情报部门统一负责购买，以免造成资源浪费。）

各部门情报需求表

部　　门	
本季度情报需求	
业务部门经理审核	
情报中心经理审核	
备　　注	

二、经费管理

　　企业要在市场中获取情报，必然会产生费用。企业情报人员费用的支出有点类似于企业的营销人员，两者都同样需要与人打交道，都同样需要与人应酬，需要一定的经费支出。有不少企业在情报部门的开张之初,在费用的预算与支出上,比照营销部门的计划,这也是一种可行的办法。有些谋略情报,事先可能要较多的费用,可以列为专项开支,报领导审批。

搜集情报所产生的费用,一般有以下几种:

1. 日常经费。作为一个企业动态情报的工作者,在建立人际网络情报群的过程中,必须在日常工作中经常同各类知晓有关信息的人交往,在交往的过程中,也势必会产生各类费用。诸如用车、喝茶、就餐等,各企业可以根据自己的不同情况,在不违反财务制度的情况下,制定出日常的预算制度。

2. 特殊经费。情报工作由于其工作性质的特殊性,也必然会派生一定的特殊性的费用。

3. 专项经费。企业为了完成一个重大的项目,在一段时间内,会集中一批人员,围绕这个项目,去设法尽可能多的搜集有关情报,以备项目的决策与实施的需要。

4. 奖励经费。奖励经费一般可以分成以下几种:重要情报的奖励、专项情报的奖励、年终评比的奖励以及人际网络建设的奖励等。

附录一

某外资企业的情报管理制度（参考件）

一、企业情报工作的原则

遵守现行的法律法规，充分调动企业全体员工搜集情报的主观能动性，全方位地搜集竞争对手和目标对象的情报信息，为企业高管层的正确决策服务、为企业可持续性的科学发展服务。

二、企业情报工作的职责

（一）情报部门的职责：负责企业情报系统的整体管理工作，具体职责是：制定企业情报的搜集要点；负责对内外所有情报渠道进行协调、考核；负责企业情报的汇总、分析；为公司内部需求者提供相应的情报产品。

（二）各业务部门的职责：根据公司的发展需求，在全员情报责任制的框架范围内，各部门根据自身职责要求，按照本制度的规定，搜集情报并提交情报部门；情报部门有权根据其权限或实际需求，查阅各部门相应的原始情报信息。

三、企业情报搜集的范围

本制度中所涉及的企业情报搜集范围：是指与竞争对手相关的所有情报与资料，具体包括其组织结构、人员构成、技术进展、科研方向、运营动态、营销策略、价格变动以及其他重大突发事件等。

四、企业情报搜集的渠道

本制度中所涉及的企业情报搜集渠道主要包括以下几方面：

（一）公开媒体，行业网站、市场咨询报告、会议资料等公开信息的搜集渠道。

（二）公司内部情报渠道（各部门、国内外、所有员工及高管层）。

（三）其他渠道如：聘请专家、顾问、咨询公司及非常规渠道等获得的情报信息。

从各种渠道获取的情报、资料，均汇总到企业情报部门由专人统一管理。

五、企业情报查阅的申请

如因工作需要，拟调阅高密级的情报，必须填写《情报信息查阅申请表》。一般密级的由情报部主管审核即可；绝密级的需有总经理审核。

六、企业情报搜集的要点

（一）全年情报工作搜集要点

企业情报中心需在上年底12月15日之前下发第二年度的情报搜

集要点,由情报中心负责人核稿,并经总经理签发后,作为企业全年情报的工作目标。

(二)季度情报需求表

情报中心可根据企业的实际情况,将全年的情报工作目标,分解为每个季度的情报搜集重点工作。并为业务部门按照行业和区域的划分,分别编制《季度情报需求表》,并确定情报需求的时效性要求和情报的反馈方式,在每个季度第一个月的5日之前,下发至相关部门或人员。

(三)情报搜集要点增补表

在情报搜集的过程中,企业情报部将根据市场的实际变化,及竞争的对手变化情况,随时调整与编写《情报搜集要点增补》,并发至相关部门。

七、企业情报反馈的方式

(一)一般人员的情报反馈

在一般情况下,员工搜集的各类情报信息可通过填写《信息反馈表》的形式,通过所属部门递交给企业情报中心。如果遇上竞争对手的突发事件、重大变故、设备情况等各类即时性重要信息,需要马上反馈的(但本部门负责人又联系不上时),可通过发送电子邮件、电话先报信息。事后再补填《信息反馈表》等方式,反馈至企业情报中心。

企业相关人员在提供各类即时信息的同时,必须向情报部门提供信息来源的出处,以便情报中心在组织专家分析时,能够更好地甄别信息的真伪,并掌握整个情报体系的人际网络关系,为情报部门综合协调利用人际网络做好基础工作。

情报部对各部门提供的信息来源出处要绝对保密,不得对其他人透露,违反者按公司保密制度规定处罚。

(二) 出国人员的情报反馈

因各类公务出国的高管层、工程技术人员及其他员工,在出国期间,应根据自己部门的情报需求,及时了解国际市场的最新动态。

(三) 总经理及高管层的情报反馈

情报部要及时了解企业高管层与竞争对手会晤、交流的时间,宜及时以邮件或面谈的方式拜访本企业的高管层,了解此次会晤的最新情况,以便更新情报信息的汇总与编报。

八、企业情报渠道的管理

企业情报渠道的管理,主要分成两类,一类是静态信息来源的渠道管理,另一类则是动态信息来源的渠道管理,二者是不同的概念,所以在管理上也必须采取截然不同的管理方式。

(一) 静态信息的渠道管理

1. 各类公开报刊、杂志的信息管理(无密级)

由静态信息部门派专人负责将报刊、杂志中有价值的信息转换成电子版,上传至内网数据库;并派人专人每天登录相关行业网站,摘录有关行业及竞争对手公开信息,并上传至内网数据库中,按期摘编、以便员工共享。保存电子文档即可。

2. 外部网站、付费数据库的信息管理(无密级)

根据各部门提出的申请(见附件2),由情报部门审核后统一购买。数据库的信息服务、用户名及密码向企业全体员工公开,保存电子文档即可。

3. 会议、展会资料管理(无密级)

所有参加本行业会议及展会的人员,须在会议召开的一周之内,将会议资料和竞争对手相关的信息发到情报中心,由情报中心统一积累、存档、并视情编报。

(二)动态信息的渠道管理

动态信息的渠道管理,实际上就是人际网络的管理,这种管理比较复杂,本书中的提法,仅供企业参考。

1. 各类付费资料的管理

根据各部门提出的申请,情报部门将购买的与行业及竞争对手相关的咨询报告的名称、目录与内容摘要向相关部门的主管级以上干部公开;具体报告的详细内容,需经过各部门经理和情报中心批准后方可提交需求人员。

2. 外聘信息员的管理

外部聘请的信息员由情报中心统一管理,其反馈的情报信息按照对公司业绩的影响程度制定保密级别。

3. 各类人际网络渠道的管理

人际网络的渠道有两种,一是公司员工利用工作之便,搭建的渠道,这类渠道中的所有人员必须统一在情报中心备案,作为情报中心的统一资源。

二是员工利用自己的亲朋好友作为渠道去搜集目标对象的情报,

这类渠道是否应该登记在案,由企业自行决定。企业分管情报工作的领导应在渠道联系者的陪同下,经常与这类渠道沟通,以保证情报信息的畅通。

九、企业情报考核的方法

(一)考核对象:本公司所有人员及人际网络中的有功人员。

(二)考核内容:以情报中心提出的情报需求的完成情况和员工主动提供的情报为考核内容。

(三)考评周期:每季度或者每半年进行一次考核。

(四)考核标准:将根据完成情报的数量与质量进行综合考评(具体有:情报的全面性、准确性、及时性以及情报产生的企业效益综合考虑)。

(五)考核办法:各企业根据自身的不同情况,制定具体的考核办法。

(六)考核原则:情报贡献与个人收入挂钩;特别重要的情报,除与个人效益挂钩外,还应对情报提供者进行嘉奖等荣誉方面的鼓励。

十、附则

(一)本制度经公司批准后,自某月某日开始实施,以前执行有关规定同时作废;

(二)本制度由公司情报中心负责解释。

附录二

某外资企业全年"情报搜集计划"

一、目标对象的销售情况

1. 销售产品的数量
2. 销售的策略与促销活动
3. 销售的渠道结构
4. 销售的办事处分布
5. 直销与分销的比例
6. 产品是否出口、出口方向、内外销比例
7. 不同客户的价格折扣率

二、目标对象的生产与采购情况

1. 主要产品与相应产量
2. 主要生产设备(进口还是国产、型号)
3. 是否与其他竞争对手合作生产新产品或代加工
4. 新产品信息、方向

5. 成本控制、采购情况

三、目标对象的财务情况

1. 每年的财务分析
2. 成本费用结构
3. 是否享有地方政府提供的优惠政策
4. 现金流状况及筹措资金能力
5. 应收账款的平均回收时间

四、人力资源与组织结构

1. 组织结构图
2. 主要负责人背景介绍及分管工作
3. 销售人员的薪资结构(新员工、资深销售、销售主管、大区销售经理)
4. 员工薪酬：各级员工(经理级、普通办公人员)相应薪酬状况

五、投资与研发

1. 新的投资情况与投资目的
2. 新投资的厂房布局(生产区域、办公区域、仓库区域、研发区域的相关信息)
3. 新投资设备涉及的产品名称
4. 不同产品的设计产能
5. 目前的研发情况

6. 国内研发部门的分布及研发人员数量及素质评价
7. 产品研发投入情况(投入费用占销售收入的比例)
8. 近3年的研发方向
9. 专利情况

六、物流情况

1. 物流仓储分布情况
2. 主要物流仓储的据点(哪些地方设有物流仓储点)
3. 仓储容量大小
4. 货物发送模式及流程(绘货物发送的流程表)

七、特殊事件报道:

1. 公司间的合并与收购信息
2. 垂直的收购(如与供应商、批发商)信息
3. 合资合作信息
4. 最新动态特殊信息披露、最新市场动态

八、战略规划:(侧重远期的规划)

(一) HR

1. 人员的总量扩张计划
2. 人员的扩张结构

(二) 产品规划

1. 将来重点发展的产品
2. 哪些产品会扩产,计划产能
3. 哪些产品是逐渐弱化
4. 每种产品的计划产能

(三) 本土化策略(偏重于将来)

1. 增加本土研发
2. 增加产品国产化比例
3. 将来重点发展的行业客户
4. 新增办事处(地区、数量、规模、时间)
5. 打算采取的重大的市场推广策略

九、综合情报(企业概况)

1. 注册登记资料
2. 历史背景(如是外资企业,要了解进入中国的过程)
3. 股东及主要股东介绍/主要股东持股比例
4. 职员规模/数量/管理人员、技术人员、生产工人的比例
5. 企业对外投资及分支机构
6. 在国内的分支机构及其之间的关系
7. 国内机构与海外总部的关系
8. 主要投资公司的介绍

十、目标对象的人脉情况

1. 主要客户的企业名称、双方的主要联系人
2. 主要供应商的名称、双方的主要联系人

附录三

某外资企业单项情报搜集计划的要求

一、针对用户的调查

1. 考虑到目前我们的销售区域可能还存在一些盲区,所以希望能够对整个华东地区或者全国的潜在用户进行统计。

2. 各类有关项目的经费情况,譬如:某某、某某、某某等工程的评审,希望能够具体到项目的负责人以及经费的具体时间段。

3. 各类重大项目的情况,譬如:国家某某创新专项、国家某某防治专项、国家某某研究专项、国家与地方的某某专项等。

4. 全国有关科研院所重要人员的情况,譬如:某某计划、某某学者、某某首席科学家等。

二、针对竞争厂家的调查

1. 竞争厂家的组织结构及人员情况,这个调查我们前几年做过但不太好查,我们这里得到的信息,大都是通过展会名片收集和销售员平时遇到的竞争情况。

2. 过去两年各竞争厂家的销售情况,最好能够给出全国各大省市的大概数字,以备统计某某产品的总体情况和各厂家的占有率。

3. 高端产品的销售情况,包括某某、某某、某某等系统,目前我们的信息来源大多是招标网站的信息公布以及销售的反馈情况,所以可能不是很全面。

附录四

作者发表与接受采访的文章

企业搜集竞争情报的几种方法

摘自重庆《经营者》月刊(2002年9月号)

近来,不少介绍企业竞争情报的文章不断散见于各类报刊;不少咨询机构均在竞相筹建"竞争情报"的讲座;个别在沪外国商会的成员也正通过各种渠道在沪上寻觅通晓企业竞争情报的人才;部分外国的SCIP(经济情报专业人员社团)也在国内寻找合作伙伴。可以说,随着加入世贸组织,国内公司与外国公司之间、国内企业与国内企业之间竞争情报大战的序幕也已正式拉开。

企业竞争情报之所以不断升温,是因为竞争情报能给企业带来高额的利润。同时,专职从事竞争情报的人员也为个人和公司创造了可观的效益。据了解,在国际市场上,每年的竞争情报业总产值可高达数十亿美元。所以,企业的经营者应该明了,企业的"情报工作是光荣的职业"。但从事企业竞争情报必须遵守下列原则:一是要合法;二是不能侵犯他人的合法利益。在正常获取竞争情报的过程中,应该是:没有阴谋诡计,没有偷窃行为,没有敲诈勒索,没有偷拍偷录,也没有假造身份等。作者在此介绍几种目前在行业中较为普遍的做法,供读者参考。

一、公开资料的收集

搜集同竞争对手相关的一切商业数据。应充分利用各图书馆馆藏资源,也可利用国内联机检索、国际联机检索及 INTERNET 检索;可订阅或浏览相关的报刊、杂志、行业协会出版物、各部门对外公开档案、工商企业的注册资料、上市公司的业绩报表、竞争对手的产品介绍、企业招聘广告、展销会、信用调查报告、或购买专业调查机构出具的报告等。

二、市场调查和实地调查

这是对现场参观访问、调查、询问、搜集实物样品等情报收集活动的总称。较常用的方法是:参加各种展销会、展览会,直接去了解竞争对手的各类信息。也可以委托专业的咨询调查公司进行。其次,在闹市区,经常可见一些小姐在做市场调查,她们手拿问卷提纲,向过路人提问,涉及的问题大都与企业经营的范围无关。此类做法明为材料的积累,但实质远远超出了商业竞争情报的范围,目的隐晦,颇堪玩味。

三、广告策划

这是通过广告公司来了解竞争对手的一种手法。

据了解,某家即将投产的饮料公司,他们向不少广告公司投寄了一份要求协助该公司"整体策划"的宣传材料。此材料的最后一项,他们对广告公司是这样要求的:"请选择一家知名的饮料生产经营企业作为假想中的竞争对手进行销售形势分析"。要求提供"假想中竞争对手"的资金、设备、人员、价格、销售范围、销售方式、生产成本、销售成本等近百项调查项目。而且,在材料中还特别说明:"策划材料反馈后,经调查如其中60％以上可靠真实,就此单项即付创意费2万元"。这家饮料公司的手法就是利用公开的"整体策划"形式来搜集竞争对手的资料。

四、反求证法

就是通过购买竞争对手的产品进行拆卸研究。其目的一是研究对手的产品是否有仿冒之嫌;其次是研究对手的产品中有否值得借鉴之处。日本某发动机生产厂商就是委托本市某商务调查公司,凡是我国新生产的摩托车发动机,均委托该公司购买后寄往日本,以供其研究。

五、人际交流

是指通过人际交往获取企业竞争对手的情报。"竞争情报人员感兴趣的是与许许多多各种各样的人建立友好关系"。"来自人的情报胜于机器情报",人际交流的方法很多,朋友之间的交往,老同学、老同事之间的聊天、聚会、喝茶,这些看似漫不经意的谈话,只要你是个有心人,就会从中得益匪浅。

人与动物的主要区别就在于人是有感情的,只要交上朋友,人与人之间的交流一般是不设防线的。要善于交往,要善于交际。所以,要想成为一名优秀的企业情报人员,首先要有良好的人际关系。

六、专业化

不少外国的跨国公司、集团公司、大商社为获取世界各地最先进的与本企业相关的科技情报,在全球广泛设立办事处。其主要职责,就是搜集科技情报,或搜集最新的市场需求。在我国各主要大、中城市,也不乏此类办事处。日本著名的 9 大商社就在海外设立了将近 700 个办事处。

其次,办事处广招兼职人员,名称有多种。如:商务谈判代表、商务拓展代表、客户服务主任、市场调研主任、公关协调主任等,这些人大都是企业情报人员。他们以不起眼的身份,将触角广泛地伸向社会各个角落,伸向竞争对手的方方面面。他们的工作原则是"广种薄收",只要从中收到一两份有价值的企业情报,企业的利润就会成倍、成十倍,甚至成百倍的翻番。

再次,这些大公司、大集团会以与本公司毫不相干的名称去成立一些小公司去与竞争对手搞合作、联营等。通过这种方式他们会将对手的情况摸得清清楚楚,上至领导层的基本情况、下至员工的喜怒哀乐,直至对手公司的全部运作状况,他们都了解得一丝不差。此种做法相当专业,所派员工也要经过专业的培训。

综上所述,企业竞争情报能给企业带来丰厚的回报,所以,世界各国对从事企业竞争情报的从业人员也有相当高的要求。据了解,从美国公司来讲,企业情报人员的基本构成是:前中央情报局和联邦调查局的退役人员。聘用这些人员的目的很明显,他们责任心强,纪律严明,且受过正规的训练。这些曾经为政府利益奋战在情报战线的、为获取政治、军事情报而孤身涉险的"007"们,如今让他们改行搞企业和商业竞争情报,很能适应"竞争"的需要。构成企业和商业情报人员的另一部分人员是:本企业的核心人员。这些人员应具有良好的人际关系、优秀的专业知识、较全面的科学文化知识和企业管理知识,他们应懂得本企业需要什么竞争情报,也应懂得情报的分析、归纳与运用。他们的科学知识与"007"们的实践经验相配合,从理论上讲,企业的利润应该会得到全面的升华。原美国中央情报局成员詹姆·赫灵顺利组建摩托罗拉的企业情报系统,并获得成功,就是一个典型的范例。

  以上情况只是市场一隅,从我国的情况来看,对企业竞争情报认识较早的,在家电业应首推青岛海尔集团。该集团在此方面起步早,目前颇有建树。他们从 17 年前的亏空 147 万元到 2001 年利税突破 42 亿元,实属不易。从国内市场看,海尔冰箱、洗衣机、空调、冷柜占有 30％的市场;从国际上看:在美国 230—280 升容积段冰箱,海尔已占有 35％的市场;欧洲 15 家大型连锁店中的 12 家,美国 10 家大连锁店中的 8 家,海尔产品均已进入。海尔的营销网点已达 58 800 个,海尔的服务网点也达 11 976 个。据报载,最近,海尔集团又出资 1 000 多万美元买下了位于曼哈顿的一幢有 70 多年历史的建筑物,作为海尔集团在美国的总部。如果说,这些遍布全球、全国的营销与服务网点能成为"海尔"在该地区的竞争情报搜集点的话,可以预见,海尔将加速进入世界 500 强的进程。读者经常可以在报纸上看到,海尔的科研人员根据市场调查,经常不间断地研制出新产品推向市场,应该说,这就是竞争情报应用于市场的最佳案例。目前,海尔的品牌价值评估约为 436 亿元。这一辉煌足以证明,在激烈竞争的市场经济中,谁能及时掌握最新竞争情报,谁就能在市场竞争中处于主动地位,就能赢得时间、市场和利润。

  以上只是一般的最为普遍的竞争情报的搜集方法。几种方法各有所长,要注意克服其片面性和局限性。在实际运作中,若是能把几种方法综合运用,将事半功倍。

商界"007"讲述鲜为人知的职场故事

摘自浙江日报报业集团《城市假日》(2006年2月24日)

见习记者 毛蓉蓉 通讯员 俞兴农

竞争情报分析师,年薪20万以上,目前国内大中型企业推崇但对外又讳莫如深的一个职业。

陈彪峰,有15年公安局侦察员经验,国内较早进入竞争情报分析专业的人之一。对于情报分析师这个行业,陈彪峰的感受显得尤为独特。

从案件现场桌椅的摆设、掉落的头发丝、几个模糊的鞋印……重组案发现场发生的一切,勾勒犯罪嫌疑人的所有信息,最终搜集所有能搜集的一切信息,找出重重黑幕下的黑手——或许正是这样的探究性,使得无数人成了"邦德"的忠实拥护者。现在,"邦德"已经不是侦探小说独有的角色,市场竞争条件下的商业企业,也有了现代版的"007"。

这,就是竞争情报分析师,外资企业推崇但对外又讳莫如深的一个职业。

今年3月份,杭州将首次开放"竞争情报分析师"培训课程,消息传来,不少人跃跃欲试。

陈彪峰,现年53岁,之前做了15年的公安局侦察员。2000年底他从公安系统提前退休,2002年开始进入企业竞争情报分析系统。对于"情报分析师"这个行业,他有着独特的感受。

体验:侦察员到分析师占了很大便宜

上海市公安局侦察员和市场竞争情报分析师,这两个看似没有任何联系的职业,却在陈彪峰身上得到了统一,"而且我做得很开心。"陈彪峰说。

那么,在这个曾经的刑事案件侦察员眼中,做市场竞争情报分析师有什么独特的感受呢?

"事实上,除了事情的严肃程度和保密对象不一样以外,侦察员和分析师还是有很多共同点的。"陈彪峰说,"侦察案件的时候,需要从现场勘查、走访群众等一些途径获得线索,然后要把这些线索统一起来得出与案件相关的信息;市场竞争情报是从市场上、从竞争对手那边获取相关行业信息,包括方针政策等,供企业负责人制定对企业发展有利的发展方针。据我所知,在国外最先进入到这个行业的人也是从警务系统退休的人。因为做了公安侦察,人的敏感性会得到很大的提高,这些敏感,可能是别的行业的人没有办法赶上的,而又是竞争情报分析师所不能缺少的。"

涉及到情报,必然要求很高的保密性。在采访的过程中,记者对此深有体会。我想,可能这就是身为案件侦察员的他领先于别人的地方吧。

日程:分析师的一天也从读报开始

情报,在很多眼中都蒙着一层面纱;对于情报分析师的生活,自然也有了很多想象。"实际上,我们的工作和很多人一样,是从看报纸开始的。不过,可能我们看的跟一般人又有不同。"陈老师笑笑说。

记者从陈彪峰的工作日程上看到,如果要帮企业做情报分析,那么早上一上班,他就要开始翻报纸了,本地的、国内的、国外的,只要有涉及与本企业相关的信息,全部都要摘录下来;接下来,开始走到车间,跟员工聊天。"其实,员工是企业最大的财富,竞争情报上也是一样。我们尤其要去跟那些营销员、市场分析人员沟通,他们是接触市场的第一人,他们手上的资料总是最多的。"他说,"下午,我们开始核实从各个渠道来的材料,这些资料的核实也是一项庞大的工程,需要我们运用所有能用的人脉关系。"

"这不是人人都会的?"记者忍不住问。

"当然不像看上去这么简单,所有这些都是非常考验一个人的敏锐感和判断力的。身为一名竞争情报分析师,时时都要注意收集。别人讲的可能是一句笑话,事后你就必须去核实,使其成为有用的情报。"

缺口:长三角地区急需10多万

"事实上,国内开始有这样行业组织,是上世纪九十年代以后的事。那时候最早的情报分析师,就是一些图书馆的书管人员或者是高校的老师。"陈彪峰介绍说。

对于竞争情报分析工作,很多人都认为是将报纸杂志上可见的信息进行收集,一开始,业内也确实是这样在做的。图书管理人员或者是高校教师利用工作的间隙,从报纸或者杂志上收集到对企业可能有利的消息,集中之后交到企业负责人手中,"这样只能说是信息的收集,事实上并不是正规的情报分析工作。最起码作为情报分析,肯定要告诉负责人,所有的信息中,哪些是真的,哪些是无效的,哪些是可以对企业产生最终效益的。"陈彪峰说,"按照目前的情形,大中企业都看到了这个部门的重要性,单从长三角地区来看,这样的人才就急需10—15万。"

误区:情报都在对手手里

"很多从事这个行业,或者对这个行业感兴趣的人都有一个误区——总觉得所谓情报分析,肯定是要从竞争对手手上得到资料,然后获知他们的动向,最后得出自己企业有用的消息。事实并非这样,其实很多有效信息都不在对手手中,关键就是我们怎样去发现这些信息。"陈彪峰说。

从业这么久,有一件事陈彪峰一直记忆犹新:山西有一家机电企业,前几年设立了情报分析部门,但是一直以来分析师都不知道从哪里入手获取信息,"他们总觉得所有的信息一定要到竞争企业那里去探得,为此浪费了不少时间。后来,他们终于放弃了从对手手中挖资料,而根据市场自己重新开发新的产品,这样一来,企业获得新增效益1个多亿。"

"真正的情报分析师要像案件侦查人员一样,随时从任何蛛丝马迹中寻到有效信息,帮助破案,至于这个情报从哪里来,就不能有思维定式。"陈彪峰说。

从业:高学历不如懂"鸡毛蒜皮"

现在,越来越多的企业开始重视竞争情报分析师这个行业,也已经有越来越多的企业开始设置这个部门,但是,到底什么样的人适合从事这样的行业呢?

"曾经有这样的人,学历相当高,但是真正进入这个行业之后就发现了,其实自己并不真正合适。因为起步阶段,任何行业都希望能聚集一批知识结构等更加完善的人才,但是现在看来,并不是学历高就可以从事这样的行业。"陈老师说,"这个行业需要能跟各种各样的人交流,所以说,真正的高学历可能还比不上懂'鸡毛蒜皮'的人。"

陈老师给记者举个例子,现在上海的一些广场和休闲场所,总有一些老人在聊想去哪儿旅游,"聪明的旅行社就派人到这些地方去跟老人聊天,知道他们心里想要的东西,然后据此制作适合老年人的出游路线,如此一来,卖得很好。这批情报人员就是属于能在任何场合跟任何人交流的人,也正式最适合这个行业的人。"

商业机密留神外泄
企业情报"阴招"起底

摘自《每日经济新闻》(2006年11月8日)

记者 杨羚强

又到年末,正是中小企业为完成全年业绩指标全力冲刺的日子。然而,这些企业的企业主可能并没有意识到,他们正遭遇竞争对手的"情报战"。

在不少国内企业还在通过窃听、挖角等"传统"手段获取情报的时候,一些更具隐蔽性和欺骗性的情报战让企业主们防不胜防,遭"窃密"企业损失惨重,甚至濒临破产,国内企业的反情报收集工作亟待加强。

多年从事企业情报收集、调查工作的上海世代企业发展促进中心培训部副主任陈彪峰近日向本报报料:在这些主动搞"情报战"的企业中,有一部分竟是知名大公司。其中,一些企业甚至公开招募专职企业情报人员,收集国内企业的经济情报。

出人意料的是,上述企业情报人员并未像好莱坞大片中的商业间谍那样,使用偷盗、窃听、跟踪、收买、派遣间谍等非法手段获取情报。通常,他们的策略和手段显得更合法、更公开,而多数国内企业对此防范意识不足,使企业核心商业机密不知不觉间便已"外泄"。

手段一：打着"人才招聘"的幌子

陈彪锋介绍，曾有一家知名化妆品公司通过因特网刊登广告，不分地域招聘 500 名应届毕业的市场营销或工商管理专业的大学本科生和 MBA，许诺以极优厚的待遇。而后又对外宣布，由于总共只有 500 个招聘职位，但因为有 10 万人应聘，为了更好地筛选人才，将以三个人为一组，演练企业经营实战，以让人意想不到的突发性事件为场景，考察应聘者的"应变"能力。

表面上看，这是一次非常普通的招聘活动，但背后埋伏着极深妙的玄机。陈彪锋分析，由于应聘者众多，而招聘职位少，必然形成极为激烈的竞争场面。但大学应届毕业生通常没有丰富的实际工作经验，如何才能确保自己能够"过关"呢？最有效的手段，就是向从事化妆品行业的父母或亲朋请教"应对"策略。而他们的父母、亲朋为了他们能谋得高薪而前景上佳的职位，也愿意将自己掌握的"机密"倾囊相授。

他们因此在"应变测试"中会有"突出表现"，自然也逃不过扮作"面试官"的企业情报收集人员的眼睛。"招聘"也就演变成为最集中收取"商业情报"的"盛宴"。许多同类企业的核心商业机密，往往就在这其间源源流向上述招聘单位。

手段二：让第三方中介"自愿"泄密

如果说，大规模招聘获取企业情报的方式，还有些费时费力。那么，利用第三方中介机构急于获得订单的心理，获得竞争对手核心机密就更易于操作。

某饮料行业巨头就是通过一次面向广告公司的"公开招标"，获得竞争对手产品经营的核心策略。他们找来了几家曾为竞争对手策划广告的广告公司,要求他们制订一份能战胜对手的广告方案并说明理由,以决定广告发布代理权"花落谁家"。

为了能获得上述广告发布代理权,几家广告公司把所知道的关于"老客户"的一切资料全部泄了底。

还有一家大型汽车企业,想了解东北某汽车厂商未来5年的发展规划。他们以下属关联企业的名义,在当地找了一家最出名的企业咨询公司,借口要投资相关产业,让该咨询公司提供一份三年的发展计划。这家咨询公司为了完成报告,通过各种手段获得了东北的这家汽车厂商未来三年的发展策略,并以此制订了相应的发展计划。这一份计划成就了上述外资汽车公司在商战中屡战屡胜。

手段三:无利贸易只为商业情报

陈彪锋透露,大公司获取竞争对手核心商业机密的手段,并不仅限于此。东亚某国一家驻华建筑钢材公司在上海设有一家钢铁贸易公司。这家钢铁贸易公司每每仅以微利,甚至无利的价格向其他建筑钢材公司大量批发钢铁,目的就是要这家钢铁贸易公司扮演"商业间谍"的角色。

反情报外泄中小企业如何扎紧"篱笆"

面对跨国公司咄咄逼人的情报"进攻",中小企业就无计可施了吗?上海世代企业发展促进中心的陈彪峰副主任给出的答案是"不"。

他认为,通过制订保密规定、融洽企业内部关系、重视模糊信息、设专人或机构"防反",将是中小企业防微杜渐,防止企业核心商业机密

"外泄"的最佳手段。

制订保密规定。陈彪锋认为,应向职工反复强调"保密"的重要性,向他们说明某些重要的商业机密,不能外传。对于企业的核心商业机密,应尽量减小知晓者的人数和范围。要求任职重要和关键岗位的员工签订保密协议和禁业约定,以防这些员工流失后,给企业经营带来巨大的损失。

融洽企业内部关系。多数商业机密"外泄"事件,都是由于掌握机密的员工和企业高层关系不融洽、相互闹矛盾,乃至于对着干而引起的。陈彪峰因此认为,要减少商业机密的外泄,就一定要融洽普通员工与管理层之间的关系,改善他们的待遇,以"仁义"治企业。

重视模糊信息。在陈彪峰的定义里,模糊信息的定义是未经大众媒体公开发表,也未经持有主体采取保密措施,而在企业组织内外传播的,有关该企业的各类书面和口头的信息(包括尚在酝酿之中的),介于公开发表和商业秘密这两个范畴之间,占企业所有信息的5%(公开信息为90%,核心商业机密5%)。虽然比例不高,但往往与核心商业机密紧密相连,往往可能被竞争对手加以推测,进而侦知己方的真正意图,因而非常重要。而跨国公司目前获取商业情报的重点,也正是这5%的模糊信息。内部刊物和关系企业如银行、税务、工商、客户等均是模糊信息传播的途径,减少通过这些渠道输出模糊信息,将是企业情报工作的一个重点。

设专职机构或专人"防反"。什么样的信息可以公开,什么样的信息属于模糊信息,又有什么样的信息属于核心机密;不同等级的信息,又需要不同的"防范"手段,这需要企业设部门或专人专门"防反",并对专职人员进行专门训练,以有效地防止核心商业机密的"外泄"。

律师观点:窃取商业机密即涉嫌不正当竞争

通过全球招聘,从涉世未深的应届毕业生处了解其他公司的竞争

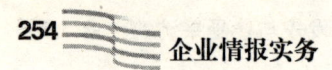

机密;通过广告代理公司的公开招标,获得竞争对手的最新营销策略……跨国公司为获取商业机密而展开的"谍报战"越来越"隐蔽",采用的大多是合法手段,看上去似乎并不违法。

上海市跃平律师事务所杜跃平律师指出,无论手段是否合法,如果相关企业为了获取商业机密,而故意采取上述具有"合法"外衣的手段,"隐蔽"地获取竞争对手的商业机密,并由此获取不当利益,给对手造成了巨大损失,就有可能涉嫌不正当竞争。

相关受害企业可据此提出诉讼,根据其所获得的利益,和自己遭受的损失,提出索赔。不过,前提是必须证明对方采取上述手段获取己方商业机密,确实存在主观故意。

杜跃平表示,要获得这一证据难度不小,但如果无法举证,则无法说明相关竞争企业确实是为了获取己方商业机密而开展相关活动,继而造成诉讼失败。

老陈谈情报(三)

亡羊补牢 犹未晚也

摘自《组织人事报》(第 1391 期 2005 年 11 月 14 日)

镜头一:

某机场的跑道上,一架"空中客车",正在缓缓起飞,一会儿工夫,只见飞机昂起巨大的机头,呼啸着直冲蓝天,向西欧某国飞去。

商务舱里,某国有企业集团的老总,正带领该集团的几位核心人物在闭目养神。

几个月前,该集团在国内本行业中得到一条可靠的消息,西欧某国的同行正在招标出售一家大型企业,经过几个回合的前期谈判,在价格、设备转让、安置原有工人等重大问题上,双方意见已经基本达成一致。如果该集团中标,不仅可以得到该公司在国际上尚属先进的生产设备,还可以借此机会,在国外建立生产与销售基地,利用该公司在国际上的知名度,创立自主品牌,正式向国际市场进军。眼下。老总正带队去做最后的冲刺。

镜头二:

市中心,一幢高达二三十层的大楼里,该集团的出国人员已经全部回来,老总正阴沉着脸,向公司的高层领导宣读写给上级部门的检查:……我集团此次出国并购西欧某国企业失利的主要原因之一是:对企业情报重视不够,主要体现在:对这条并购信息的来源没有进一步核实;对国内本行业中的朋友故意透露这一信息的真实目的没有了解清楚;对招标对象的真正资产情况也没有完全了解清楚;对潜在的竞争对手没有重视。结果是:在整个谈判过程中始终处于被动状态。

镜头三:

在该集团的培训中心,原本只可以容纳五六十人的空间,到处摆满了加座。集团从有关单位请来了擅长企业情报的专家,分期分批的开始轮训与培养自己的企业情报专职人员,开始为集团构建企业情报的平台做准备。

"错误的情报必定导致错误的决策及错误的行动,并必然形成失败的结局"中央审计署在年初曾公布了去年对 10 家"央属企业"的审计结果。其中,因决策失误造成的经济损失高达 100 多亿。

> **评析:**
>
> 任何大型企业集团在决定一项重大的决策前,都应该由企业情报部门,派专人从两种以上不同的渠道,对影响给决策的重要情报,要从多角度进行真实性与可靠性的甄别,以对项目的可行性进行核实。这是避免决策的失误的有效方法之一。从企业情报学的角度讲:这是"双线调查"或者称之为"多重调查"。

老陈谈情报(五)

企业反情报的新视点:招聘会

摘自《组织人事报》(第 1395 期 2005 年 11 月 29 日)

虽然已经进入了 11 月,但江南某城市依然是杨柳低垂、花红柳绿。洁净的街道两旁一些不知名的花朵竞相开放,好像在媲美,看谁能开到最后、能开到寒秋、能开到隆冬。

在人力资源已经迈入市场经济的浪潮中,每年的此时,正是各公司人才流动的旺季。

想走的,心里在抱怨原企业效益的低下、老板的无情、同事的冷漠……

想进的,正盘算着如何到新公司去捡个"肥缺",去新公司"前程无忧"……

熙熙攘攘的人才市场,其热闹程度已经远远胜过了早上的菜市场……进来的、出去的、打听消息的、为繁忙的都市又增添了一道亮丽的风景线。

这是一家大型企业集团的招聘场地,在拥挤着几百家招聘单位的人才市场里,他们是足足租了十分之一的摊位,有六七个主管同时在接待应聘者。看着气势与排场,就令应聘者在摊位前排起了长龙。

"你在原公司主要是从事什么工作?"

"新产品研发。"

"如果方便的话,是否能介绍一下你为何要来我公司应聘,以及为何要离开原公司的原因。"

"我不能忍受原公司主管家长式的管理方法……"

"好的,请你稍等,我请我们的经理与你直接面谈。"

"……"

谈话已经进行了半个多小时。

等候在外的应聘者在窃窃私语,"这么长时间……估计录用了。"

"就这样决定了……",集团的人力资源部经理对这位应聘者道。

"从明天开始,你就作为我公司的战略顾问,每个星期六来我公司商量工作。平时你回原公司上班,把你们公司正在考虑或者正在研究的新产品情况及时反馈过来。但是,涉及到商业秘密的情况,你千万不要去打听,这是违法的。我们所需要的只是他们正在酝酿的、尚未成型的、没有采取过保密措施的一些情况。我们这边另外给你一份薪水,标

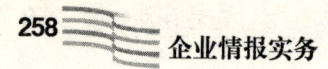

准与你原单位一样。"

"你的情况,我们会采取严格的保密措施,请你放心。"

就这样,一场同行业之间的不平等的竞争又将拉开序幕。

> **评析:**
>
> 在市场经济的条件下,在竞争激烈的前提下,各种各样的、千奇百怪的搜集竞争对手情报的手法层出不穷,令诸多企业经营者防不胜防。
>
> 我们的企业家、经营者在企业管理中:
>
> 要注意现代化的管理;
>
> 要注意让"员工快乐的工作";
>
> 要注意核心员工的跳槽会带来巨大的损失;
>
> 要注意"优秀雇主"的形象培养。

老陈谈情报(六)

提出问题 回答问题

摘自《组织人事报》(第1397期 2005年12月5日)

2005年11月19日晚,上海交通大学"安泰管理学院"内,香港瑞丽集团董事兼总裁张伟毅先生正在为上海的商业精英讲授"华尔街"商人灵活多变的思维方式及出奇制胜的商业法宝。

张先生的总结是:华尔街商人在经商中有自己的"三不原则"。

这"三不原则"是：不按常理出牌；不花自己的钱办事；不说出实情的真相。作者以为，张先生在讲课中运用的一则案例，很值得我们从事企业情报工作的朋友借鉴。

案例的起因：

不久前，"中海油"与美国的"雪佛龙"竞购"尤尼克"。"中海油"的出价比"雪佛龙"高出近15亿美元。

案例的结果：

按照常规的竞价模式，胜出的应该是"中海油"。可惜，"中海油"惨败。

分析与归纳：

一、掌握情报：

"雪佛龙"知道，在美国的国会议员中，有相当一批人对中国的国情不甚了解，对我们目前飞速发展的国民经济，抱有一种所谓的"中国威胁论"。他们认为，中国的经济发展越快，对美国及世界的威胁就越大。二要有效的制止中国的经济发展速度，控制能源的供应，也是得力之举。

二、提出问题：

于是，雪佛龙动员了美国40多位国会议员联名上书，以所谓的"中国威胁论"，要求政府在竞购为题上支持"雪佛龙"；

三、回答问题：

这招果然奏效，问题得到了回答，"雪佛龙"赢得了最后的胜利。

此案说明，"谋略与智慧"才是企业情报工作的真正精髓。在市场经济的商业时代，我国的企业经营者，要学习一点企业情报工作的基本知识，才能在复杂多变的市场中把握胜机，特别是在对外竞购中。

评析：

据了解，我国的企业大部分尚未建立情报部门，但是我们的央行、我们的中国人民银行已经建立了"金融情报中心"，而且已经与世界多国达成了互换金融情报的协议，以共同抵制金融领域的各种犯罪行为。作者相信，随着金融情报中心的建立、纺织情报中心、冶金情报中心、建筑情报中心……将逐一诞生，我国将迎来企业情报工作的春天。

后　记

　　经历了将近10年在企业情报领域的艰辛奋斗，才有了今天的这本书，此书凝聚了我15年侦察工作的心血与10年企业情报工作的初步总结，在此书出版之际，我要向所有关心我的朋友说一声"谢谢"。

　　首先，我要感谢市公安局的有关各级领导，感谢你们对我退休后从事企业情报工作的真诚关心、大力支持与悉心呵护。

　　我要感谢我局从事离退休干部工作的领导和同志们，你们辛苦了，向你们致敬！你们不但要关心年过花甲的离退休老干部的日常起居，还要关心我这个年轻"老干部"如何在退休后更好地为市场经济服务。因为有了你们的热心帮助与具体指导，才有了我坚定的一直走到今天的信心。

　　我要感谢众多长期从事公安侦察工作的老领导与老同志，你们是我最为敬佩的无名英雄，你们与我的个别交流探讨、传经送宝，是你们给予我的最大的无私的帮助，是我在讲课与写作中的最宝贵的财富。

　　我要感谢原公安部高校教材编写组的成员之一、我的老领导姚元良同志，您虽然已过古稀将近耄耋之年，但对我的随笔书稿，还逐字逐句地认真审阅，并亲自撰写了第九章中的很多内容，而且坚持不肯署名，在此谨向您表示深深的谢意。

　　我要感谢南京大学信息管理系主任、博士生导师沈固朝先生，感谢您对本书的"书名"、"目录"、"专业用语"等诸多方面提出了许多相当精辟的建议，我已在书中全部采纳，谢谢您了，沈教授！

其次,我要感谢众多新闻界的朋友与记者,是你们在媒体上大声疾呼企业情报的重要性与必要性,是你们在茫茫的人海中"百度"与"谷歌"了我,与我沟通、交流、互动,与我一起探索企业情报在我国的现状与发展。这些记者朋友是:《解放日报》高级记者陈进、记者刘斌、张根生,上海文广集团"纪实频道"主任记者周雯华,《新闻晚报》记者王凤梅,《组织人事报》总编助理俞家骏、记者王冬梅,《人才市场报》记者薛伟平,《每日经济新闻》记者杨羚强以及浙江《城市假日》周报记者毛蓉蓉、重庆《经营者》月刊副主编邹善勇等。

再次,我要感谢众多企业界的学员与朋友们。在企业情报的课堂上,我们虽然以师生相称,但是,你们丰富的实战经验,你们活泼的课堂提问,使我的讲课内容与讲课方式在不断地充实与提高。通过与你们的交流,使我进一步理解了"教学相长"乃是一个永恒不变的真理。同时,也祝愿你们,用科学发展观的思路,来领略与实践企业情报的各项基本原理,从而为我国的经济腾飞,为你们的企业发展,提供准确的情报,提供科学的决策依据。因为企业情报工作的特征之一是隐蔽性,所以,企业界的朋友们,在此我就不一一列举你们的姓名了,请你们谅解,我们永远是息息相通的。

另外,我要感谢为陈轶凡主笔的第六章"公开信息的收集"提供帮助的沈杰律师、张楠律师和周昱先生。两位律师为了第六章的撰写,针对各种公开信息的收集进行了大量的实务上的确认工作。活跃在IT行业的周昱先生为如何防范互联网时代的情报危机提供了宝贵的建议。

今年4月初,在经历了10年的退休生活,本书基本脱稿,我在准备开始休闲的退休生活,赴欧洲旅游之际,在家接到了原单位领导的通知:为加强上海"世博会"期间的安全保卫工作,市公安局领导决定从退休民警中挑选一部分人员重新穿上警服,作为志愿者以加强世博会期间的安保工作,我也有幸入选了这一行列。此时的我,真是百感交集,"百年世博,一朝圆梦",已经退休10年的我,能够在此时重穿警服,以一个人民警察的雄姿,为一届"成功、精彩、难忘"的世博会的安保工作出力,这是我最大的骄傲与光荣。

在时隔10年,重穿警服之际,请允许我向长期支持与关心我在企业情报领域奋斗的,我的老领导、老同事以及社会各界的所有朋友和广大的读者,致以崇高的一个普通的人民警察的敬礼!

值得欣慰的是,在世博会临近结束之际,我又荣获了由市公安局政治部颁发的"退休民警志愿者"个人三等功奖章。这是我从警生涯的完美句号。

陈彪峰

2010年11月于上海